CONDIÇÕES DA LIBERDADE

Ernest Gellner

CONDIÇÕES DA LIBERDADE

A sociedade civil e seus rivais

Tradução:
LUCY MAGALHÃES

Revisão Técnica:
RENATO LESSA
Professor e diretor executivo do Iuperj
Professor titular de ciência política da UFF

Jorge Zahar Editor
Rio de Janeiro

Título original: *Conditions of Liberty*
(Civil Society and Its Rivals)

Tradução autorizada da primeira edição inglesa,
publicada em 1994 por Hamish Hamilton Ltd,
de Londres, Inglaterra.

rua México 31 sobreloja
20031-144 Rio de Janeiro, RJ
tel.: (021) 240-0226 / fax: (021) 262-5123

Capa: Gustavo Meyer

CIP-Brasil. Catalogação-na-fonte
Sindicato Nacional dos Editores de Livros, RJ.

G282c

Gellner, Ernest
Condições da liberdade: a sociedade civil e seus rivais / Ernest Gellner; tradução, Lucy Magalhães; revisão técnica, Renato Lessa. — Rio de Janeiro: Jorge Zahar Ed., 1996

Tradução de: Conditions of liberty: (civil society and its rivals)
ISBN 85-7110-353-4

1. História moderna. I. Título.

96-0435

CDD 909.82
CDU 94

SUMÁRIO

AGRADECIMENTOS

Durante o tempo em que trabalhei neste livro, recebi apoio financeiro do Conselho de Pesquisa Econômica e Social (ESRC) e da Fundação Nuffield. Desejo expressar minha gratidão a Sir Douglas Hague (ex-Presidente do ESRC) e à Srta. Patricia Thomas, Diretora-Assistente da Fundação, pela confiança que foi muito importante.

Quando comecei a escrever este livro, ainda era membro do Departamento de Antropologia Social da Universidade de Cambridge. Muitos dos seus membros me ajudaram de várias formas, e agradeço especialmente a Mary McGinley, Margaret Story e Humphrey Hinton.

Ao terminar o livro, eu estava trabalhando na Universidade Centro-Européia (CEU), em Praga, e no seu Centro de Estudos sobre Nacionalismo. Também ali, muitas pessoas me ajudaram neste trabalho. Devo mencionar particularmente Robin Cassling, Vlasta Hirtová e Monica Pospísilová. Gaye Woolven foi uma admirável editora, assessorada por Bela Cunha e Keith Taylor. Wendy Fitzpatrick me auxiliou na revisão. Entre os diretores da CEU, aos quais sou devedor de condições que tornaram o meu trabalho possível, desejo mencionar Jirí Musil, Anne Lonsdale, George Soros, Alf Stepan e Claire Wallace. Além desse círculo, minha dívida para com John Hall e Ian Jarvie é considerável. Os defeitos do livro são exclusivamente meus.

Ernest Gellner
Centro de Estudos do Nacionalismo
Universidade Centro-Européia
Praga
Junho de 1994

Para Lena e Yura Senokosov

1

Nasce um Slogan

Um novo ideal nasceu, ou renasceu, há poucas décadas: a Sociedade Civil. Anteriormente, alguém que se interessasse pela noção de Sociedade Civil poderia ser considerado um historiador das idéias, talvez ligado a Locke ou Hegel. Mas esse rótulo não tinha repercussão significativa nem poder de evocação. Pelo contrário, parecia coberto de poeira. Agora, repentinamente, foi trazido de novo à luz, minuciosamente desempoeirado, e tornou-se um reluzente emblema.

A razão disso não é tão misteriosa. A condição definida por essas palavras tornou-se altamente valiosa e carregada de atrativos políticos. Em diversas regiões do mundo, aquilo que ela denotava não existia. Essa falta, com o decorrer do tempo, manifestou-se vigorosamente e fez-se sentir com amargura: em certos casos, transformou-se em um vazio doloroso. Essa ausência foi agudamente sentida em sociedades que tinham centralizado com intensidade todos os aspectos da vida, e nas quais uma única hierarquia político-econômico-ideológica não tolerava rivais e uma única visão definia não apenas a verdade mas também a retidão pessoal. Isso fez com que o restante da sociedade se aproximasse de uma condição atomizada. O dissenso tornou-se um sinal de heresia, ou, no vocabulário da moderna ideocracia, definia um "inimigo do povo".

Esse tipo de sociedade emergira pela influência e pela implementação do marxismo, e um modo de resumir a intuição central do marxismo é dizer: a Sociedade Civil é uma fraude. A idéia de pluralidade das instituições — ao mesmo tempo opondo-se ao Estado e fornecendo-lhe equilíbrio, e por sua vez controladas e protegidas pelo Estado — é, sob o prisma marxista, apenas uma fachada para uma dominação oculta e nociva, que ajuda a reforçar essa dominação através de instituições coercitivas disfarçadas como benévolas, neutras ou ordenadas por Deus. O marxismo quer desmascarar os dois cúmplices desse logro — o Estado que protege a Sociedade Civil e a Sociedade Civil que fornece um contrapeso ao Estado. Ambos são condenados como desnecessários e fraudulentos.

Assim, afirmava-se que essa fórmula não era necessária: uma vez que a exploração fosse eliminada, surgiria uma ordem social que não precisaria de reforço coercitivo. Só uma divisão interna patológica da sociedade criava a necessidade da existência de um Estado; a superação dessa condição torna automaticamente o Estado supérfluo. O Estado não será necessário, e assim, naturalmente, também não haverá necessidade de instituições adicionais para contrabalançar essa agência central da ordem.

Nessa perspectiva, o conjunto das idéias associadas com a expressão Sociedade Civil representa algo que é ao mesmo tempo espúrio e desnecessário. Afinal, uma ordem social harmônica, livre tanto de exploração como de opressão, é possível. A fórmula para construí-la está disponível. Sua realização está na agenda da história, e seu advento será assegurado pela lógica interna dos acontecimentos e pela vontade férrea da ordem quase religiosa dedicada à sua implementação.

A experiência real de sociedades que tentaram concretizar essa visão acabou por solapá-la definitivamente. A primeira tentativa de liberalizar sociedades comunistas depois da morte de Stalin e durante o degelo promovido por Khrushchev ainda foi, na verdade, marcada pela conservação da fé original e pelo desejo de desembaraçá-la de suas supostas "deformações". Sentia-se que a idéia central permanecia válida, e apenas sua implementação tomara um mau caminho. Se houve uma palavra dominante que acompanhou as reformas desse período nas sociedades marxistas, foi "alienação". Essa mesma palavra também enfatizava a atividade intelectual daqueles que, no Ocidente, desejavam dotar o marxismo de uma nova vida e de uma nova imagem moral. As obras do jovem Marx, inclusive alguns textos de que ele próprio se envergonhou mais tarde e que nunca publicou, foram exumadas para que oferecessem ao marxismo uma formulação que fosse mais moral do que científica, e fornecessem padrões para julgar e corrigir implementações defeituosas (um perigo que anteriormente não se considerara com seriedade). A inspiração e a aspiração morais do marxismo prevaleciam sobre suas pretensões científicas. Ainda existia a crença de que, tecnicamente, o comunismo podia ser e seria moralmente efetivo, bastando que suas deformações fossem expurgadas para que ele se tornasse excelente.

Na época da segunda liberalização sob Gorbachev nada restou dessas duas ilusões. A segunda liberalização foi provocada e tornada necessária por uma indiscutível — e não mais discutida — falência técnica e por uma inferioridade. Estranhamente, para a superioridade moral, a pobreza tratada com descaso, mas pelo menos relativamente tolerável dos anos Brezhnev, mostrou-se muito mais corrosiva para a imagem da fé do que o avassalador, arbitrário, total e maciçamente destrutivo terror do stalinismo. Esse terror podia ser visto como um anúncio temível, e adequadamente dramático, de uma era social totalmente nova, o advento de um novo homem, e de fato muitas vezes ele foi encarado assim. De alguma forma, era conveniente que o começo de uma nova humanidade fosse santificado por tanto sangue derramado. A pobreza, por outro lado, não anunciava nada, exceto talvez mais pobreza. É possível viver na pobreza, especialmente se o regime culpado por essa situação também é relativamente tolerante em relação àqueles que não se opõem de forma ativa ao sistema ou o ameaçam, mas dificilmente tal regime anunciaria uma nova aurora para a humanidade.

A partir de então, um novo ideal, uma visão contrária ou pelo menos um contra-slogan tornava-se necessário, e foi encontrado na Sociedade Civil, com a idéia de pluralismo institucional e ideológico, que impede o estabelecimento de um monopólio do poder e da verdade, e contrabalança as instituições centrais que, embora necessárias, poderiam, de outra forma, adquirir esse monopólio. A prática efetiva do marxismo levou, em todos os lugares em que foi implementado, ao que se poderia chamar de césaro-papismo-mamonismo, a uma quase total fusão das hierarquias política, ideológica e econômica. O Estado, o Partido religioso e os administradores da economia eram partes de uma única *nomenklatura*. Uma hierarquia única e centralizada, com um inequívoco ápice, monopolizava todas as decisões importantes. A autonomia dos segmentos formais, a realização dos processos de escolha e decisão eram puro teatro, o que ninguém ignorava. Essa tendência foi talvez especialmente notável em uma sociedade que, antes do advento do marxismo, fora fortemente césaro-papista. A superposição do marxismo sobre a teologia e as tradições bizantinas foi desastrosa. A tecnologia moderna da administração e da comunicação operou uma centralização econômica, ao mesmo tempo mais viável e mais desastrosa do que fora nos dias em que as aldeias russas ficavam isoladas pela lama intransponível na primavera e no outono, e quando a própria natureza, senão a vontade humana, exercia uma autocracia limitada. A moderna tecnologia a serviço do césaro-papismo não brilhou no desempenho econômico, mas dotou o autoritarismo com uma nova e ao mesmo tempo totalitária qualidade.

Por volta dos anos 80, senão antes, as conseqüências desse sistema se tornaram evidentes. Economicamente, ele foi desastroso e provocou a derrota da União Soviética simultaneamente nas corridas consumista e armamentista. Já era bastante prejudicial para um país ter um campesinato e uma classe operária chayanovitas — que preferiam a segurança ao aumento da produção, como o economista russo Chayanov mostrou —, mas a unificação de todas as hierarquias também levou a uma burocracia chayanovita, que fazia um jogo político prudente, de preferência a empenhar-se em uma ação efetiva. Seus membros estavam inevitavelmente mais interessados na sua posição no interior da rede do que na eficiência técnica, o que não poderia valer-lhes um bom conceito, mas antes má reputação. Aprenderam como distorcer o plano, ao invés de aumentar a produção. Um zelo excessivo pela produção poderia causar problemas e fazer com que o funcionário culpado disso ganhasse o rótulo de sabotador.

Ao mesmo tempo, o sistema levava a uma sociedade atomizada, individualizada, na qual dificilmente era possível — ou literalmente impossível — encontrar um clube filatélico sem supervisão política. Longe de criar um novo homem social, livre da ganância egoística, do culto ao comodismo, da competitividade, o que tinha sido a esperança marxista, o sistema criou individualistas-sem-oportunidades, isolados, amorais, cínicos, hábeis no duplo discurso e em manipular o sistema, mas incapazes de empreendimentos efetivos. Nessas circunstâncias, a própria situação que o marxismo tinha proclamado ser uma fraude mostrava-se subitamente como algo ardentemente desejado. O termo empoeirado, tirado de antiquadas teorias políticas, que freqüentara debates longos, obscuros e com justa razão esquecidos, emergia repentinamente dotado de uma nova e poderosa capacidade de causar o entusiasmo e inspirar a ação.

O que significa esse termo?

A mais simples, imediata e intuitivamente óbvia definição, que também é bastante válida, é que a Sociedade Civil é o conjunto de diversas instituições não-governamentais suficientemente fortes para contrabalançar o Estado e, embora não impeça o Estado de cumprir seu papel de guardião da paz e árbitro entre interesses maiores, pode, entretanto, impedi-lo de dominar e atomizar o resto da sociedade.

Essa definição manifesta a idéia contida nas palavras, e também esclarece a razão dos novos atrativos do slogan. Apesar disso, essa definição tem uma deficiência grave. Não é má, mas não vai muito longe. O problema é simples: ela incluiria, na noção de "Sociedade Civil", muitas formas de ordem social que não *nos* satisfariam.

A questão é a seguinte: historicamente, a humanidade nem sempre sofreu sob o despotismo centralizado. Muitas vezes isso aconteceu, mas não em todos os tempos nem em todos os lugares; freqüentemente os homens estiveram livres dessa opressão.

A imposição de um despotismo nem sempre é uma tarefa fácil. Em geral, as formas de governo pré-modernas não dispõem do aparato necessário para pulverizar e depois dominar as sociedades que controlam. Querem extrair delas o máximo possível e garantir sua obediência, mas muitas vezes o melhor meio para consegui-lo é permitir que as comunidades locais se administrem a si mesmas, obrigando-as apenas a fornecer produtos — ou trabalho — sob pena de punição. Em circunstâncias favoráveis para elas, como as que estimulam a pecuária migratória, ou predominantes em terrenos montanhosos difíceis, as comunidades locais podem até tornar-se completamente independentes e resistir com sucesso às exigências de taxação ou corvéia. Em muitas regiões do mundo agrário, entretanto, o poder está concentrado em um centro dominante e, pelos nossos padrões, opressor.

A lógica da sucessiva eliminação de candidatos rivais ao poder, até que apenas um permaneça, realmente atua em certas condições amplamente predominantes, como vales de rios. Em locais de onde o vencido não pode fugir (porque depende, para sua sobrevivência, de campos imóveis, por exemplo), mas pode ser desarmado, ocorrem então uma acentuada concentração de poder e a exploração. Mas essas condições não prevalecem por toda a parte. O significado de tudo isso é que no mundo agrário tradicional, embora suas formas de governo sejam em geral monárquicas, encontram-se internamente subcomunidades bem organizadas, autogeridas, parcial ou totalmente autônomas.

Todavia, estas mantêm sua coesão, disciplina interna e solidariedade com a ajuda de um abundante ritual, usado para marcar e reforçar os papéis e obrigações sociais. Os papéis sociais são geralmente concebidos e definidos em termos de parentesco, e podem ser cumpridos em termos de posições de parentesco dos seus ocupantes. Assim, deveres políticos, econômicos, rituais e quaisquer outros tipos de obrigações são superpostos uns sobre os outros em um único código. Isso reforça todos eles; ninguém pode ignorar sua relação de parentesco, por exemplo, sem colocar em perigo outras relações. O preço desse reforço é, naturalmente, que todas as esferas da vida se tornam rígidas e a inovação, técnica ou de outra natureza, se torna pouco praticável. A visibilidade social e a autoridade das relações são fortificadas por uma profusão de lembretes rituais: como em uma organização militar, a disciplina é reforçada por uma proliferação de regras menores, acarretando assim possíveis transgressões adicionais, o que constitui um pesado e constante fardo para o indivíduo que tem de evitá-las e o mantém no temor da ordem social geral. Há tantas ocasiões de dar um mau passo que ele está sempre em perigo, e raras vezes é socialmente inocente. Assim, ele deve manter um capital de boa vontade entre seus iguais e seus superiores, a fim de compensar as transgressões que não pode deixar de cometer, e que o tornam perpetuamente vulnerável. Seu papel é estável e ritualmente orquestrado. É ao mesmo tempo internalizado e externalizado: penetra profundamente em seu espírito, e uma profusão de sinais invade a vida exterior da comunidade. Isso lhe atribui uma identidade certa e inescapável. O indivíduo sabe muito bem quem é e o que se espera dele; sua possibilidade de redefinir sua própria identidade é praticamente nula.

O homem tradicional pode, às vezes, escapar da tirania dos reis, mas só para cair sob a tirania dos parentes e do ritual. Os sistemas da "cidade antiga" de Fustel de Coulanges[1], definidos por relações de parentesco, ritualmente orquestrados, severamente exigentes e invasores da vida privada, podem conseguir evitar, ao menos temporariamente, a centralização tirânica, mas apenas graças a uma cultura exigente ao extremo, que o homem moderno consideraria intoleravelmente sufocante.

A grosso modo, a lei sociológica geral da sociedade agrária estipula que o indivíduo deve sujeitar-se aos reis ou aos parentes, embora muito freqüentemente, é claro, ele se sujeite a ambos. Os reis geralmente dominam as sociedades através de instituições e comunidades locais, de modo que um tirano, no centro, é apoiado por instituições locais, e vice-versa.

Assim, se tivermos de definir nosso conceito de Sociedade Civil, devemos primeiramente distingui-la de algo que, em si, pode ser atraente ou repulsivo, ou talvez os dois, mas que é radicalmente diferente dela: a comunidade segmentária que evita a tirania central, transformando firmemente o indivíduo em uma parte integrante da subunidade social. Os românticos se sentem saudosos dela e os modernos individualistas podem odiá-la; mas o que nos interessa é que, quaisquer que possam ser nossos sentimentos, ela é extremamente diferente da nossa noção de Sociedade Civil, mesmo que satisfaça a sua plausível definição inicial. Na verdade, ela pode ser pluralística e resistente à centralização, mas isso não confere aos seus membros a espécie de liberdade que *nós* queremos e esperamos da Sociedade Civil.

Fustel de Coulanges, na sua *La cité antique*, talvez tenha feito mais do que ninguém para estabelecer essa distinção. Seu objetivo era esclarecer seus concidadãos franceses, que, durante algum tempo, invocaram as supostas liberdades dos antigos como um precedente para as liberdades que desejavam adquirir ou consolidar em sua própria sociedade. Mas isso era um total mal-entendido. Fustel explicava:

> L'idée que l'on s'est faite de la Grèce et de Rome a souvent troublé nos générations. Pour avoir mal observé les institutions de la cité ancienne, on a imaginé de les faire revivre chez nous. On s'est fait illusion sur la liberté chez les anciens et pour cela seul la liberté chez les modernes a été mise en péril.[2] *

Fustel desejava curar seus compatriotas de suas ilusões, advertindo-os contra os perigos a elas inerentes. Nesse ponto, Fustel foi antecipado por Benjamin Constant,[3] que, entretanto, apenas mostrou a ausência de liberdade individual entre os antigos (mesmo quando gozavam de liberdade, no sentido em que sua cidade estivesse livre de um tirano ou de dominação estrangeira). Ele não viu, ou pelo menos não indicou claramente, o papel dos subgrupos sociais e do ritual na subjugação do indivíduo. Assim, não pode ser exatamente considerado como um ancestral da tradição sociológica e antropológica durkheimiana, e conseqüentemente da compreensão de um tipo de sociedade que, mesmo plural, não se parece com nossa Sociedade Civil.

As comunidades segmentárias constituem uma forma social importante, mas que difere significativamente tanto das tiranias centralizadas como da nossa Sociedade Civil. Benjamin Constant também não pode ser saudado como precursor da distinção entre liberdade "positiva" e "negativa". A objeção feita à cidade antiga não é tanto que ela prefira a liberdade positiva (realização de expectativas) à liberdade negativa (ausência de coação externa), mas que seus defeitos cruciais impeçam a possibilidade de formular esse contraste. Ela designa para o indivíduo uma identidade que, então, pode ou não ser realizada, enquanto a

---

* "A idéia que fizemos da Grécia e de Roma perturbou muitas vezes nossas gerações. Observando mal as instituições da cidade antiga, imaginamos que poderíamos revivê-las entre nós. Iludimo-nos sobre a liberdade entre os antigos e só por isso a liberdade entre os modernos foi posta em perigo." (N.T.)

moderna concepção de liberdade inclui a exigência de que as identidades sejam escolhidas e não atribuídas.

Esse perigo específico de confundir a liberdade moderna com a antiga pode não ser sério na nossa época: a retórica dos recém-convertidos à idéia da Sociedade Civil não contém muitas lembranças — se é que contém alguma — das antigas liberdades dos gregos e dos romanos. Péricles não foi lembrado, nem Plutarco citado pelos estivadores ou mineiros em greve em Gdansk ou Donetz. Entretanto, uma correta compreensão do que o ideal da Sociedade Civil realmente significa *agora* deve distingui-la de uma identificação implícita com toda e qualquer sociedade plural, em cujo interior instituições sólidas contrabalançam o Estado. Isso é simplesmente vago demais. O perigo desse engano está presente no discurso usual, quando este adota a definição intuitivamente plausível de Sociedade Civil, que já supõe um contexto moderno, e assim exclui tacitamente o antigo pluralismo. Mas a não ser que as sociedades "segmentárias" sejam claramente excluídas, a definição da Sociedade Civil alegada no início as inclui, e as identifica erroneamente com o que queremos agora. Mas essa equação não é meramente um erro teórico; também tem conseqüências práticas. Estas, mesmo que não sejam as mesmas dos contemporâneos e predecessores de Fustel, são importantes.

Fustel é extremamente eloqüente quando trata da real liberdade do indivíduo, no sentido moderno, existente na cidade antiga:

> La cité avait été fondée sur une religion et constituée comme une Eglise. De là sa force; de là aussi son omnipotence et l'empire absolu qu'elle exerçait sur ses membres. Dans une société établie sur de tels principes, la liberté individuelle ne pouvait pas exister. Le citoyen était soumis en toutes choses et sans aucune réserve à la cité ... La vie privée n'échappait pas à cette omnipotence de l'Etat ... Il exerçait sa tyrannie jusque dans les plus petites choses ...[4*]

Fustel queria mostrar como esse tipo de sociedade plural, não-centralizada, mas socialmente opressiva, a despeito de seu pluralismo político, nunca poderia satisfazer a aspiração moderna à Sociedade

---

* "A cidade fora fundada sobre uma religião e constituída como uma Igreja. Daí a sua força; daí também a sua onipotência e o domínio absoluto que ela exercia sobre seus membros. Em uma sociedade estabelecida sobre tais princípios, a liberdade individual não podia existir. O cidadão estava sujeito em todas as coisas e sem nenhuma reserva à cidade... A vida privada não escapava a essa onipotência do Estado... Este exercia a sua tirania até nas menores coisas..." (N.T.)

Civil. Ocasionalmente, era substituída por uma nova ordem, na qual a separação cristã entre religião e forma de governo fazia com que a possibilidade de liberdade individual pudesse ser pensada. Assim, Fustel não foi apenas o ancestral daqueles que, como L. Dumont,[5] tentam detectar as origens religiosas do individualismo ocidental, mas também daqueles que procuram compreender o tipo de sociedade baseada nos princípios que ele expôs, e que, posteriormente, deveria ser chamada de "segmentária". A história de Fustel registra o desaparecimento e a substituição de um conjunto dessas sociedades, as sociedades da Antigüidade Clássica. Na verdade, elas não desapareceram da face da terra, nem mesmo do Mediterrâneo. Elas são um organismo resistente, e é também por isso que merecem atenção.

Fustel e seu pensamento também inspiraram muitos pesquisadores, que seriam chamados antropólogos sociais, e que desejam compreender as sociedades que funcionaram durante muito tempo da maneira que Fustel atribui primordialmente à Antigüidade mediterrânea. No seu tempo, Emile Masqueray redescobriu a cidade antiga, sob camuflagem muçulmana, nas colinas bérberes da Argélia.[6] Por alguma razão que deveria ser investigada, o grande astro parisiense Fustel e o provinciano joão-ninguém Masqueray ignoraram-se mútua e completamente, embora se conhecessem e seus caminhos se encontrassem: o esquema de evolução das comunidades bérberes na Argélia de Masqueray refletia a sucessão triádica de Fustel no antigo Mediterrâneo. A política em geral ou a política acadêmica explicaria essa distância entre os dois? Mais recentemente, um pesquisador americano utilizou o trabalho de Fustel diretamente, e não através de Durkheim, como de costume, ao estudar uma população asiática pouco conhecida e há muito tempo urbanizada, os newars nepaleses. Depois de resumir o relato segmentário de Fustel sobre a sociedade e o modo pelo qual cada nível de segmentos era mantido por suas divindades e ritos, Robert Levy comenta:

> A descrição de Fustel contém um mito muito arraigado, o de um paraíso terrestre de unidades ordeiras, baseadas na família, anteriores à transformação em uma organização do Estado mais ampla, impessoal e carregada de conflitos.[7]

Talvez os dados de Fustel tenham sido usados para reforçar esse mito, embora o próprio Fustel quisesse, como vimos, contrapor-lhe um mito mais recente, o da cidade antiga como precursora ou modelo da Revolução Francesa e seus ideais.

Mas a situação real é no mínimo triangular (posteriormente talvez tenhamos de lhe acrescentar outras opções): há as comunidades segmentárias, sujeitas ao parentesco e ao ritual, talvez livres da tirania central, mas não verdadeiramente livres no sentido que nos satisfaria; há a centralização que reduz a pó todas as instituições sociais subsidiárias ou subcomunidades, ritualmente sufocadas ou não; e finalmente há a terceira alternativa que procuramos definir e atingir. Esta exclui tanto o comunalismo sufocante como o autoritarismo centralizado. É *esse tipo* de Sociedade Civil que nos interessa.

A sua definição correta deve levar em conta o seguinte: a Sociedade Civil apresenta pelo menos dois contrastes, e assim sua essência não pode ser apreendida apenas com a ajuda de uma mera oposição bipolar entre pluralismo e monocentrismo. Devemos tentar compreender que aquilo que descobrimos subitamente, já o possuímos e devemos valorizá-lo. Muitos de nós, no Ocidente, tomávamos (alguns ainda tomam) essa situação como ponto pacífico, como uma espécie de condição humana normal, ao passo que no Leste as pessoas aprendiam a amá-la mais ardentemente, pelo fato de que estavam tão totalmente despojadas dela, e ao ver a profunda falsidade da fé que a declarava desnecessária e fraudulenta. Mas é necessário sabermos o que é aquilo que amamos. Só poderemos identificá-lo descrevendo toda a variedade dos seus contrastes históricos.[8]

2

Os Dois Vizinhos

A sociedade atlântica é dotada de uma Sociedade Civil e, em geral, pelo menos desde 1945 beneficiou-se dela, dedicando-lhe pouca ou nenhuma atenção. Uma teoria social muito contemporânea considera o fato como ponto pacífico, de modo quase cômico: parte simplesmente da suposição da existência de um indivíduo secular isento de coações, desembaraçado de laços sociais ou teológicos, que escolhe livremente seus objetivos e consegue alguma aceitação na ordem social junto a seus iguais. Dessa forma, a Sociedade Civil é simplesmente pressuposta como uma espécie de atributo inerente à condição humana! É o corolário de uma certa visão do homem. É a universalização ingênua de um tipo de homem privilegiado — o habitante da Sociedade Civil. Na realidade, este é radicalmente diferente dos membros de outros tipos de sociedade. Ele não é *o homem enquanto tal.*

Só a redescoberta desse ideal na Europa Oriental, durante as duas últimas décadas, é que lembrou aos habitantes dos Estados liberais, em ambas as margens do Atlântico Norte, a natureza do bem que possuíam e a necessidade de valorizá-lo. Principalmente, somos alertados para isso pelos europeus do Leste, que encontraram um nome para aquilo que lhes faltava tão dolorosamente. Mas, conscientizando-nos disso, também deveríamos observar que essa civilização liberal possuía, nos seus limites leste e sudeste, dois diferentes tipos de vizinhos.

Cada um deles foi, ocasionalmente, fonte de graves problemas, às vezes simultâneos. Em 1956, o Ocidental fez com que sua preocupação com o perigo, real ou imaginário, representado por Nasser, colocasse em segundo plano os efeitos da repressão da liberdade magiar (embora se admita que não se sabia exatamente o que o Ocidente poderia ter feito, caso suas prioridades fossem diferentes). Em contrapartida, em

1990, foi precisamente a acentuada melhoria das relações com os vizinhos do nordeste que possibilitou ao Ocidente atuar de modo incomparavelmente mais efetivo no Oriente Médio do que fizera em 1956. Saddam, ao contrário de Nasser, não foi capaz de aproveitar-se de um confronto europeu sincronizado com sua própria agressão.

Como se tornou evidente durante os últimos anos da década de 1980, o mundo marxista estava marcado por uma falta de fé quase total na sua própria doutrina central e por um forte e contagiante anseio pela Sociedade Civil, o que levou à sua posterior desintegração. Foi nessa região que o slogan e o ideal renasceram e assumiram novo e vibrante significado. O mundo muçulmano, pelo contrário, mostra uma surpreendente capacidade de recuperação de sua fé tradicional e apenas uma fraca tendência — se tanto — para a Sociedade Civil. Sua ausência não é sentida como um escândalo, e mobiliza um interesse local relativamente pequeno. Por outro lado, formas de governo cruelmente clientelistas e dominadoras são amplamente aceitas e consideradas inerentes à natureza das coisas.

Nos dois casos, a Sociedade Civil é ou tornou-se visível pela sua ausência. Mas, em um caso, há um forte desejo por ela, apenas ou principalmente contrariado pela incapacidade da sociedade, pelo menos até agora, de criar os pré-requisitos econômicos adequados, enquanto no outro caso esse desejo inexiste, não totalmente, mas em grande parte.

Talvez se entenda melhor uma coisa através dos seus contrastes: e aqui temos ao menos dois aspectos, absolutamente diferentes um do outro, da entidade que nos interessa. Talvez seja conveniente abordá-la observando cada uma dessas oposições sucessivamente e associando os dados que pudermos colher de cada uma delas.

3

Islã

O islã é um caso único entre as mais importantes civilizações e religiões do mundo. Há cerca de quatro séculos, no fim da Idade Média, o Velho Mundo continha quatro civilizações letradas superiores, cada uma com sua própria religião ou grupo de religiões. Como resultado da história dramática do período posterior, três delas são indubitavelmente secularizadas, embora de modo parcial e sem uniformidade. A tese social amplamente aceita, segundo a qual em sociedades industriais ou a caminho da industrialização a religião perde muito de seu poder anterior sobre o homem e a sociedade, é em geral correta. A extensão e a natureza da secularização variam bastante, e certamente esta não é completa — sem falar na existência de acentuadas contracorrentes ocasionais. Apesar de tudo isso, seria difícil negar uma tendência generalizada para a secularização.

Mas existe uma exceção notável: o mundo islâmico. O poder do islã sobre as populações das terras nas quais ele é a principal religião não diminuiu de modo algum durante os últimos cem anos. Em alguns casos, aumentou consideravelmente. Além disso, esse poder não se restringe a certas camadas da sociedade; não se pode dizer que é apenas entre as classes inferiores, os camponeses ou as mulheres que a fé conservou seu vigor. Seu domínio é tão forte entre as classes dominantes urbanas e as elites culturais como entre os segmentos menos favorecidos da população. É tão acentuado nos regimes tradicionalistas como naqueles ligados ao radicalismo social.

Em geral, o Ocidente só se deu conta desse fenômeno a partir da revolução iraniana, que, embora não sendo a sua mais típica manifestação, foi certamente a mais dramática. Atualmente, há uma tendência a chamar esse fenômeno de "fundamentalismo", mas esse termo pode prestar-se a confusões. No Ocidente, "fundamentalistas" são aqueles que protegem uma velha, e principalmente literal, interpretação da doutrina da sua fé contra tentativas de reinterpretá-la como metafórica, simbólica, social, funcional, ou qualquer outra leitura. Essas reinterpretações têm como objetivo tornar a religião mais palatável e digerível para o espírito moderno. O fundamentalismo, que é tão difundido no mundo muçulmano, certamente também condenaria essa diluição dos textos sagrados, mas essa não é a frente em que ele se mostra mais ativo. A área de disputa na qual ele se mostra mais presente, há muito tempo, embora nem sempre formalmente reconhecido, é uma velha divisão interna no interior do islã, entre o que se poderia chamar a Alta e Baixa Culturas do islã. O fundamentalismo se opõe realmente à incredulidade alienígena e à reinterpretação atenuante, mas também está profundamente empenhado em combater distorções populares do islã, superstições ilegítimas e acréscimos rituais.

É em termos dessa velha polaridade entre Alto islã e islã Popular que esse vigor persistente se descreve e também se explica melhor. Devemos começar pelos papéis do Alto e do Baixo islã na sociedade muçulmana tradicional, isto é, no mundo muçulmano tal como ele era antes do impacto brutal com o Ocidente, que se fez sentir em diferentes ocasiões e em diferentes regiões, entre os séculos XVIII e XX.

Formalmente, o islã não tem clero. Não separa oficialmente a Igreja da sociedade, assim como não separa a Igreja do Estado. Não possui, como se disse que outras civilizações possuem, um centro exemplar que proclamasse o Ideal para o homem, através de uma corte política ou religiosa. Se, na prática, alguém detém esse papel no islã, são os eruditos, os juristas-teólogos, os *ulama.* Mas eles não constituem uma casta sacramentalmente segregada ou um estrato da sociedade; apenas podem alegar sua formação intelectual, sua familiaridade com o ideal social e legal registrado nos textos sagrados, e a conseqüente capacidade e vontade de praticá-lo e implementá-lo — não mais que isso. Quanto à autoridade política, esta se encarrega de reforçar a lei divina, mais do que de exemplificá-la específica ou paradigmaticamente, e em nenhum caso de criá-la. Deve *observá-la,* como todos, mas não constitui intrinsecamente sua fonte ou sua norma.

Naturalmente, isso é de grande importância para uma religião baseada em escrituras sacras, uma fé que defende que a mensagem divina, literalmente, está disponível para a humanidade, por escrito. Também é importante para uma religião que afirma que a verdade divina é não só uma questão de doutrina sobre a natureza e o mundo, mas também, e talvez primordialmente, uma lei extremamente detalhada sobre a conduta da vida e a sociedade. Como observou o orientalista Michael Cook, o islã combina o teocentrismo do cristianismo com o legalismo do judaísmo. O resultado é um modelo legal de ordem social, que está acima do simples poder e da autoridade política. Essa Lei transcendente, quando não realmente encontrada na Mensagem original, estritamente finita e circunscrita, está nas suas elaborações escritas por eruditos competentes e também na Tradição que, como se crê, originou-se com o Mensageiro e com os preceitos e exemplos deixados por Ele e seus Companheiros. Tudo isso, em princípio, constitui o Modelo normativo, ligado a uma mensagem registrada e suas inferências, e não à autoridade política como tal. A disponibilidade de toda essa importante e crucial informação escrita inevitavelmente realça a importância social dos homens que sabem ler, dos eruditos, dos sábios. Muito antes da formulação dos modernos ideais de separação dos poderes e de uma Constituição firmemente estabelecida, o islã tinha, de fato, uma versão religiosa de ambos: o legislativo era diferente do executivo porque fora previamente esvaziado pela divindade, e a própria religião estava acima da Lei Constitucional da sociedade.

Os eruditos, muitas vezes de origem urbana e fazendo parte da burguesia comercial das cidades, oferecem uma visão similar da fé — baseada nas escrituras, orientada por regras, puritana, literal, austera, igualitária, anti-extática. Talvez esse estilo religioso seja natural para homens de temperamento erudito, e talvez também corresponda aos valores e ao estilo de vida da classe urbana comercial a partir dos quais surgiram.

De qualquer forma, esse estilo religioso *não corresponde* muito ou nada às inclinações naturais ou às necessidades de outros segmentos muito extensos da população. Por exemplo, não corresponde aos gostos e necessidades da população rural, da qual grande parte, até recentemente, praticava a autogestão, através de suas próprias unidades locais de parentesco ou tribo. Essa população rural é geralmente iletrada e tem pouca inclinação ou habilidade para dedicar seu tempo livre ao estudo da teologia ou da jurisprudência. Por outro lado, entretanto, precisa de especialistas em rito para manter e oficiar os serviços rituais periódicos, que consolidam e definem esses grupos locais, os quais constituem a moldura e mantêm a estabilidade e a segurança. Em suma, precisa de uma religião durkheimiana, que forneça o ritmo social para o tempo e o espaço. Se os sacerdotes que administram esse ritmo não existem, têm de ser inventados. E são.

A instituição mais característica do islã rural foi o culto dos santos, diferente do culto dos santos da margem católica do Mediterrâneo, por exemplo. No culto islâmico, os santos eram geralmente pessoas *vivas*, concedendo graças aqui e ali, em pessoa, mais do que sendo reverenciados por uma santidade passada e usados como mediadores para o outro mundo. No catolicismo, os santos mortos podem ser atingidos através de padres vivos. No islã Popular, os santos são (ou eram) bem vivos. Os santos eram sacerdotes. Os santos mortos podiam ser atingidos através de santos vivos, em uma grande comunidade com os vivos, os mortos e os que nasceriam. Eles faziam a sua mediação neste mundo. A rede de santos ligava o passado e o presente, este mundo e o outro, as relações familiares e a fé.

As populações rústicas tribais ou semitribais não eram as únicas que veneravam os santos vivos, as linhagens santas e as associações sacras (normalmente apresentadas na literatura como Ordens ou Fraternidades religiosas). As classes mais baixas das cidades também tendiam a considerar a religião e suas práticas como uma fuga da sua condição miserável, como uma evasão temporária por meio do êxtase induzido por técnicas místicas, drogas, dança, música, encantamento de serpentes, reverência a personalidades carismáticas e outros estímulos, sob a orientação dos santos. Se a burguesia próspera esperava do escrituralismo uma *confirmação* do seu confortável estilo de vida, as classes inferiores esperavam de uma religião mais extática uma fuga da sua própria condição de miséria. As duas teorias mais difundidas sobre a religião a apresentariam como *ópio* ou como *declaração de direitos:* ambos os aspectos não são exatamente compatíveis. Os abastados desejam a declaração de direitos, os miseráveis necessitam de uma droga. Os instrumentos audiovisuais da fé eram essenciais para a consolação psíquica e também para exteriorizar a ordem social.

A erudição e a piedade austera podem ajudar a burguesia afluente a gozar da sua condição privilegiada, mas não consolarão os menos afortunados, que se voltam para mediadores e fornecedores de êxtases; estes lhes fornecem uma consolação mais concreta e uma fuga mais excitante. Assim, a variante da fé nas baixas camadas sociais convém não apenas aos camponeses, encerrados em suas unidades de parentesco e exigindo que essas unidades sejam ritualmente servidas e exteriorizadas, mas também aos membros mais miseráveis da população urbana, que exigem rituais e emoções como um alívio pessoal, mais do que como um "lubrificante" social.

Não se deve pensar que as duas variantes de fé já estivessem clara e abertamente definidas, nitidamente separadas, e que se opusessem uma à outra. Essa seria uma interpretação extremamente errônea da situação.

Tudo se passava de forma contínua, as transições eram graduais, os laços ambíguos e obscuros. Essa atenuação dos contrastes era em si mesma muito útil. Os camponeses reconheciam a autoridade do ideal Alto, mesmo que não pudessem desejá-lo nem praticá-lo. Muitas vezes, atribuíam grandes feitos de erudição ao Santo Fundador da sua linhagem santa local, ainda que seu representante atual tivesse perdido quaisquer pretensões a essa erudição. Assim, reconheciam a autoridade de um ideal que normalmente nem mesmo tentavam implementar. Da mesma forma, no centro, o erudito urbano também seria, em geral, membro de um culto de santos. Essa era a concessão do ideal mais puro à fraqueza generalizada da vontade social.

Os dois sistemas se interpenetravam de uma maneira que foi, na maior parte do tempo, uma simbiose perfeitamente amigável. Mas não foi para sempre. Permaneceu uma tensão latente, que viria periodicamente à tona, sob a forma de um movimento de renovação puritano, com o objetivo de transformar o Baixo na imagem do Alto, de implementar seriamente um ideal ao qual nunca se renunciou, embora não fosse praticado adequadamente. Por vezes, esses movimentos triunfaram, mas seu sucesso nunca foi permanente, antes dos tempos modernos: a vontade religiosa pode ser forte, mas a carne social é fraca. As exigências da vida rural e as necessidades psíquicas da pobreza urbana levariam, com o tempo, ao reaparecimento de velhas práticas, a um largo uso da magia, à mediação ritual e pessoal. Na ordem tradicional, o islã pode ser descrito como uma Reforma permanente ou recorrente, mas sempre invertida: em cada ciclo, o impulso puritano de renovação cederia afinal às necessidades sociais contrárias.

Assim, no passado, as reformas foram sempre cíclicas. Como observou Friedrich Engels, fazendo eco a Ibn Khaldun, as reformas sociais que usavam uma forma religiosa só conseguiam fazer com que a roda desse uma volta completa, voltando ao seu ponto de partida social do início. Reafirmando o generalizado eurocentrismo dos fundadores do marxismo, Engels observou que, enquanto na Europa a camuflagem religiosa de conflitos sociais levava finalmente a uma autêntica mudança, no Oriente, principalmente no caso dos árabes, levava apenas a mutações cíclicas que deixavam a estrutura intacta.[1]

Mas sob condições modernas, as regras do jogo mudaram. O Estado colonial e pós-colonial possuía tecnologia militar, de comunicação e de transporte, que finalmente minou e destruiu a autonomia dessas unidades rurais autogeridas, que anteriormente, através da zona árida, desafiaram com sucesso o Estado central. A sociedade estava então politicamente centralizada e efetivamente governada a partir do centro, impondo assim um sistema econômico unificado. Havia uma atomização geral da sociedade, transformada pela explosão populacional, pela urbanização e pela dominação urbana, e também pela mobilidade altamente crescente.

Nessas circunstâncias, os velhos e santos mediadores perderam muitas (mas não todas) de suas funções anteriores: não eram mais chamados para mediar grupos sociais, porque esses próprios grupos tinham-se erodido. Conservavam apenas seu papel terapêutico, já que os serviços médicos modernos demonstravam lamentável ineficiência. A população urbanizada, ou pelo menos destribalizada e desruralizada, aspirava aos ideais urbanos, ansiosa por confirmar sua promoção, do status de atraso rústico e de ignorância, para a sofisticação urbana e para a propriedade, praticando um estilo de fé mais tendente para a observância das regras do que para a invocação dos santos. Como mostrar melhor sua ascensão, a não ser renegando esses santos mediadores, que aliás sempre foram teoricamente heterodoxos e que agora não serviam mais para nada? Quando a polícia impede a ativação da lealdade do clã para defender um pasto compartilhado ou perpetuar uma disputa, que necessidade haveria de um santo vivo, que fosse mediador entre os clãs? Evitar a mediação fora no passado uma obrigação muito difícil de cumprir; agora, as circunstâncias fizeram com que isso fosse fácil e atraente, e até obrigatório e viável, e assim todos ficariam felizes com a nova ortodoxia. Já que o uso de mediadores não era mais efetivo e permitido, convinha atentar para a velha proibição da mediação. Eliminada a tentação, a observância das regras Altas se tornou fácil e atraente. O puritanismo e o fundamentalismo se tornaram sinais de sofisticação urbana.

Tudo isso constitui o mecanismo básico da maciça transferência de lealdade do culto dos santos para uma variante "escrituralista", "fundamentalista" do islã. Essa é a essência da história cultural do islã nos últimos cem anos. O que foi outrora o sucesso de uma minoria ou um privilégio, uma forma de fé praticada por uma elite cultural, definia agora toda a sociedade.

A essência do nacionalismo do Ocidente é que uma cultura Alta — ligada à aptidão para ler e escrever — tornou-se a cultura disseminada, que definia o pertencimento à sociedade; o mesmo aconteceu com o islã, mas sob a forma de fundamentalismo, mais do que de nacionalismo, embora ambos se confundam às vezes. Para as massas, a forma Alta do islã ratificava sua promoção para o status urbano, e as definia contra o estrangeiro contra o qual combatiam no conflito colonial — muitas vezes a nova nação colonial era apenas a soma total de muçulmanos no território arbitrariamente definido, os quais anteriormente não tinham identidade coletiva — e também lhes fornecia uma espécie de declaração de direitos, uma constituição baseada na moral, para defendê-las contra seus próprios líderes tecnocráticos emergentes, freqüentemente de moral suspeita. Essa é, sem dúvida, uma função que a fé desempenhou por muito tempo no islã. Se os governados julgavam seus governantes, faziam-no aplicando as normas religiosas da lei sagrada, mais do que os princípios seculares de uma Sociedade Civil. Severos e exigentes na implementação das prescrições sacras, não são muito sensíveis quanto à organização interna da autoridade política, nem muito perturbados por sua estrutura clientelista, seus métodos negligentes e sua parcialidade. Nada mais se espera da política. A autoridade é responsável, diante de Deus, pela implementação das regras religiosas-legais, mas não pelos homens, quanto à prática de algum ideal civil. Só as tribos praticaram uma política participativa em suas regiões, mas deram-lhe um nome inadequado, ligando-a à permissividade moral e religiosa. Seus costumes seculares manifestam uma vontade geral, mas esta é moralmente suspeita como um desvio em relação à vontade divina.

Essa auto-identificação coletiva, em termos da antiga tradição Alta, tornou possível a fuga a um penoso dilema, que geralmente obceca os países do Terceiro Mundo. Normalmente, essas sociedades procuram escapar à humilhação do atraso. A escolha com que se defrontam, já que o enfraquecido *ancien régime* com sua cultura Alta está desacreditado; está entre a imitação do estrangeiro ("ocidentalização") ou a idealização das tradições populares locais, como um reservatório de grandes valores ("populismo"). Os muçulmanos não são obrigados a escolher nenhuma dessas alternativas. Deixaram a idealização da cultura popular aos estrangeiros, que romanceavam as tribos à maneira de T.E. Lawrence. Eles próprios idealizavam a tradição local, a que era genuinamente local, mas absolutamente não "folclórica": o Alto islã pode não ser realmente, como seus adeptos gostam de pensar, a perpetuação das antigas práticas do Profeta e seus Companheiros, mas é algo que foi verdadeiramente uma face prestigiosa da civilização muçulmana durante muito tempo. Possui aspectos — apego aos textos sagrados, puritanismo, individualismo, obediência às regras, baixo teor de magia, aversão por práticas populares desordenadas e por tendências místicas — que podem ter acentuadas afinidades com as virtudes necessárias para superar a dureza e o esforço da longa marcha rumo à sociedade industrial, disciplinada e moderna. Qualidades feitas quase sob medida para essa difícil situação.

Se a sociedade muçulmana deve reformar-se, alcançando e adquirindo dignidade internacional, parece que pode fazer isso em termos de seus próprios Altos ideais, e não em termos de algo emprestado do exterior, ou proveniente do antigo povo. Além disso, esse islã puritano, revivalista ou fundamentalista pode desempenhar precisamente a função que o nacionalismo desempenhou em outras regiões: fornecer uma nova auto-imagem para povos não mais capazes de identificar-se com sua posição na aldeia, na linhagem, no clã ou na tribo. Essas formas de agrupamento não atuam mais, e os indivíduos que os deixam desejam ligar-se a uma cultura que lhes dê *droit de cité* no seio de uma sociedade muito mais ampla e internamente móvel. O Baixo islã dos santos reforça uma sociedade individualista; o Alto islã dos eruditos e legisladores define uma sociedade de massas anônima e móvel, produzida pelas condições modernas. A surpreendente auto-reformulação muçulmana dos últimos cem anos reflete essa mudança social.

É paradoxal que a força dessa corrente muçulmana tenha sido notada pelo Ocidente principalmente como uma conseqüência da revolução iraniana, pois essa revolução é, de certo modo, atípica. No leque representado pelas seitas muçulmanas (que, em certa medida, atravessa a nossa distinção entre Baixo e Alto islã), o xiismo é a variante mais próxima do culto da personalidade, oposto a um culto da Lei mais religiosamente igualitário. No xiismo, os cultos da personalidade e do martírio se fundem, como na cristandade. O xiismo resolveu o problema central da validação religiosa e política — uma questão infindável: quem valida a última validação? — através do simples expediente de apresentar seres absolutamente perfeitos e infalíveis, os sagrados imãs, cuja existência é contemporânea da própria divindade, e que, em virtude desse status e da infalibilidade que ele acarreta, podem validar a verdadeira fé e sua correta interpretação. Sua perfeição garante a correção da interpretação, que, conseqüentemente, não precisa ser validada posteriormente. Dessa maneira, escapa-se à infindável volta para trás da legitimação.

O fato de que esses últimos avaliadores vivem afastados, o que torna difícil qualquer consulta imediata, complica e ao mesmo tempo facilita a situação: é preciso esperar pela Volta, e, enquanto isso, contentar-se com arranjos precários, que no passado incluíam a aceitação da monarquia, mas que agora implicam o que se pode chamar de "ditadura dos eruditos". Na verdade, o governo é exercido não por homens, mas por juristas. Se a retidão é a implementação da Lei, quem senão os juristas (até que os divinamente inspirados voltem do seus isolamento) deve legislar? O xiismo subdivide-se em subseitas, e de acordo com a maior parte delas, mas não todas, o imã vive no isolamento, e assim sua perfeita arbitragem e validação não são facilmente disponíveis, mas ficam reservadas, tornando-se disponíveis e manifestas em alguma data futura. Essa antecipação de uma Segunda Volta, assim como o forte culto do martírio de um imã, faz com que o xiismo se pareça mais com o cristianismo do que outros ramos do islã.

O culto do martírio ajudou muito o movimento de Khomeini em sua tarefa de mobilização das massas: os eruditos xiitas não são simplesmente, como os eruditos sunitas, peritos na lei e na teologia, mas também especialistas na biografia do mártir. O martírio é mais mobilizante do que a jurisprudência e a teologia, e isso faz com que os eruditos xiitas se comuniquem com as massas de maneira mais eficiente do que os sunitas.

Entretanto, por mais importantes que fossem o tema do martírio e o potencial populista do xiismo durante a preparação da revolução, esse elemento pessoal foi politicamente descartado por Khomeini, depois que a revolução obteve sucesso. Kkomeini "sunitizou" profundamente o xiismo. No mais profundo espírito sunita, ele identificou o islã com a implementação *da Lei*. A Lei deveria ser imposta nem mais nem menos severamente antes ou depois do eventual retorno do Imã. Até esse retorno, a manutenção e a implementação da Lei ficariam nas mãos dos eruditos — quem seria mais competente para determinar o que é a Lei? — e, de fato, a forma do governo xiita será uma espécie de república com uma tendência especial para a autoridade de eruditos, uma república que cumprirá a vontade não do povo, mas de Deus, como está manifestada em uma única Lei Sagrada. Certamente bem-vindo, o advento do Imã não fará entretanto nenhuma diferença essencial para a situação política. Assim, embora as idiossincrasias do xiismo tivessem contribuído efetivamente para fazê-lo realizar a notável revolução iraniana, apesar da instabilidade de um Estado não derrotado na guerra e com suas finanças e seus exércitos totalmente intactos, todavia a possível direção tomada pelo regime é inteiramente compatível com a inclinação geral de um culto da personalidade da Cultura Baixa para a reverência à lei da Cultura Alta.

Assim, o mundo muçulmano mostra uma forte tendência para o estabelecimento de uma *Umma*, uma comunidade geral baseada na fé compartilhada por todos e na implementação de sua lei. Mas o que acontece com a política interna desse tipo de sociedade? Na prática, as formas de governo muçulmanas são permeadas de clientelismo. Há um governo-de-rede. Os procedimentos institucionais formais são bem menos importantes do que as conexões informais de confiança mútua, baseadas em serviços pessoais do passado, no oferecimento de proteção de cima em troca do apoio de baixo. A lei governa os detalhes da vida diária, mas não as instituições de poder. A constituição religiosa da sociedade prevê regras de conduta, mas não um modelo para a organização do poder. Esse vácuo é preenchido, sem protestos, pela política clientelista. As últimas ondas do fundamentalismo são particularmente avessas a todas as instituições que fizeram concessões ao mundo. Elas reinam como uma implementação absolutamente incorruptível do islã, e repudiam os velhos eruditos que fizeram as pazes com uma forma de governo impura.[2] Esses novos puritanos ainda não conseguiram conquistar o poder; se o fizerem, será interessante ver se sua versão da derrubada do Estado (terrestre) será tão catastrófica como o fundamentalismo um tanto similar dos bolcheviques.

No mundo tradicional do islã, Ibn Khaldun fez a avaliação clássica da velha forma desse sistema, que continuou a ser válida por muito tempo: a ordem política pode ser baseada unicamente na coesão, e a coesão só pode ser gerada nas condições rudes da vida tribal, na qual nenhum poder central protege a paz, de modo que a segurança do indivíduo depende apenas do interesse mútuo entre ele próprio e os outros membros do seu clã. No mundo atomizado da cidade, embora indispensável economicamente para suprir as necessidades da sociedade, a coesão é basicamente impossível: especialistas atomizados não podem associar-se efetivamente; estão fadados à subjugação. A solidariedade social e a produtividade civilizada são mutuamente incompatíveis: cada uma delas é encontrada exclusivamente em apenas um segmento da sociedade. Assim, o governo tem de ser o presente da tribo para a cidade, renovado a cada três ou quatro gerações mais ou menos, quando o conjunto anterior dos conquistadores-legisladores tribais tiver se exaurido e perdido sua unidade anterior, sua coesão erodida pela vida urbana ou civilizada.

A atomização ainda impera naquilo que constitui o mundo urbano moderno, muito mais extenso, mas não restou muita coisa agora de um reservatório tribal de talentos políticos. De qualquer forma, as tribos propriamente ditas não estão mais qualificadas para preencher, sem preparação adicional, os complexos papéis de uma burocracia administrativa moderna, e é raro que elas vençam um exército moderno. Assim, ao invés disso, a sociedade é dirigida por redes, quase tribos, alianças forjadas na base de parentesco, de favores trocados, de origem regional comum, de experiência institucional comum, mas ainda, em geral, baseadas na confiança pessoal, bem fundada ou não, mais do que em relações formais, em uma estrutura burocrática definida. A nova *asabiyya* se apóia em atividades mafiosas e não na pecuária. Um fato interessante nas sociedades muçulmanas é que esse sistema não encontra muitos opositores e é amplamente aceito como normal. O que impressiona os observadores é a curiosa combinação de moralismo religioso e clientelismo cínico.

Isso significa que o primeiro é hipócrita? Penso que não, antes pelo contrário. É como se as necessidades morais da sociedade fossem adequadamente satisfeitas pelo simples fato de que o Estado estimula, ou pelo menos não viola, o cumprimento *da Lei;* assegurada essa condição, aceita-se que a atribuição de posições e privilégios seja uma questão das redes rivais que os disputam, e o vencedor obtenha, senão tudo, pelo menos a maior parte do que está em jogo. Ao que parece, não se espera muito mais da política. A esplêndida definição de Estado de Ibn Khaldun, como a instituição que proíbe a injustiça que não seja a que ele próprio comete, continua válida. A expectativa de uma maior presença da Sociedade Civil, que poderia exigir que o Estado lhe prestasse contas, além da *Umma*, definida como um empreendimento geral da implementação da Lei, pareceria ímpia, e de qualquer forma impossível. O Estado pode ser chamado a prestar contas pela violação da Lei ordenada por Deus, ou por não implementá-la, mas não por exigências outras, impostas pelo povo e opostas à vontade divina. Em suma, a sociedade parece não possuir outro fator de coesão senão a fé, de um lado, e de outro a lealdade, outrora do clã, hoje da clientela. O restante da população que não se encerra em nenhuma dessas redes fica realmente privada de cidadania; a Lei que define a comunidade total é a sua única proteção. Seus membros se identificam mais com ela do que com o Estado, e se a máfia governante atual a agredir excessivamente, eles apoiarão uma rede rival que prometa agir melhor nessa questão e prestarão a sua ajuda para que a nova rede substitua a antiga.

Temos assim uma forma social viável (pelo menos até agora), uma comunidade moral absoluta, que parece funcionar toleravelmente em um contexto moderno ou quase moderno, e que se acomoda, sem muito desconforto, com aquilo que constitui, para nós, imperfeições políticas, com a única condição de que se faça a vontade de Deus, com a condição de que a *Lei* seja respeitada, mesmo que o Estado, como diz Ibn Khaldun, assuma e explore o monopólio da injustiça legitimada. Queiramos ou não, a persistência dessa sociedade indica que elas são uma opção que devemos aprender a compreender, e que constitui uma variante importante da atual condição política. Se as sociedade segmentárias contrastam com a Sociedade Civil, porque as subcomunidades de que dependem são demasiado sufocantes para o individualismo moderno, o islã apresenta mais um contraste. Ele exemplifica uma ordem social que parece carecer de capacidade para possuir instituições ou associações políticas que contrabalancem o Estado, ordem social que é atomizada sem muito individualismo e opera eficazmente sem pluralismo intelectual.

4

O Fracasso Marxista

O marxismo conquistou agora um lugar maior, ainda que bizarro, na história do mundo. Por algum tempo, pareceu oferecer uma das grandes opções de que a humanidade poderia dispor. Em certo período, assemelhava-se ao calvinismo da industrialização competitiva e coletiva: a fé austera mas persistente que guiaria as populações através do deserto, por meio de árduos esforços e sacrifícios que só seriam recompensados muito mais tarde. Também se assemelhava a um modelo alternativo que ofereceria mais justiça em troca de menos liberdade. Mesmo que a cruzada marxista tenha falhado, parecia que o marxismo continuaria, embora com um fervor diminuído, a representar uma sensibilidade alternativa rival. Não seria assim.

Foi o primeiro sistema de fé formalmente secular a tornar-se uma religião mundial e uma ideologia de Estado para um número considerável de governos, alguns de grande importância, e um deles um superpoder. Agora existem muito menos desses governos, e a autêntica convicção dos sobreviventes é mais do que suspeita; mas por longo tempo o marxismo constituiu a alternativa para o liberalismo. Assim, seu destino é de enorme interesse, quando se trata de determinar o que pode ou não ser feito com sistemas de fé que se dizem não-transcendentes e preocupados com este mundo.

Naturalmente, o destino do marxismo em si mesmo não é estritamente conclusivo. O fracasso de uma religião secular não pode, absolutamente, estabelecer, por exemplo, que a fé secular em geral não pode ser socialmente eficaz. Onde o marxismo falhou, outros sistemas podem ter sucesso no futuro. Da mesma forma, é a melhor e certamente a mais dramática e sugestiva prova que possuímos até agora quanto ao seu resultado, e isso só pode influenciar profundamente nosso pensamento sobre ele. Vale a pena recapitular a trajetória que levou à alternativa marxista.

De modo geral, as sociedades humanas mantêm a ordem através da coerção e da superstição. O Iluminismo estava correto ao perceber isso, mas profundamente enganado na sua suposição de que seria possível substituir simplesmente tal sistema por outro, no qual a sociedade, ao contrário, fosse baseada na verdade e no consentimento. Há boas razões para que só a coerção possa constituir o fundamento de qualquer ordem social. Qualquer sistema em operação deve ter alternativas possíveis, tanto de organização como tal quanto de distribuição de posições nessa organização estável. Para uma grande parte da população, essas alternativas sempre parecerão preferíveis, e todas essas pessoas não podem ser consideradas loucas. Assim, deve-se pressupor que elas tentem promover a alternativa mais favorável (para elas), a menos que sejam impedidas pelo medo. Infelizmente, esse argumento é convincente: as condições bastante especiais que podem levar as pessoas a aceitarem a ordem social, mesmo sem medo, voluntariamente, são, na verdade, os pré-requisitos da Sociedade Civil, mas não emergem fácil ou freqüentemente. Só em condições de crescimento generalizado, quando a vida social é um jogo de soma positiva e não um de soma zero, a maioria pode ter interesse na aceitação, mesmo sem intimidação.

A razão pela qual a sociedade deve se basear na falsidade também é igualmente óbvia. A verdade é independente da ordem social e não está a serviço de ninguém, e se não for impedida, acabará por minar o respeito a qualquer estrutura de autoridade. Só idéias pré-escolhidas ou pré-concebidas, e então congeladas pelo ritual e pela santificação, podem ser confiáveis para manter um aparelho de organização específico. A livre investigação deste abalará seus alicerces. Além disso, as teorias são subdeterminadas pelos fatos, como os filósofos gostam de lembrar. Em outras palavras, a razão apenas não poderá produzir e não produzirá esse consenso que subjaz à ordem social. Os fatos, mesmo que não sejam ambíguos (o que raramente são), não produzirão uma descrição unânime da situação, e muito menos objetivos unânimes.

A ordem social exige uma cultura compartilhada: os fatos como tais não podem, na natureza do caso, produzir esse sistema compartilhado de idéias, interpretações e valores que tornam viável uma sociedade. Os fatos são, por um lado, recalcitrantes, e por outro inadequados.

Assim, qualquer cultura é um pré-julgamento sistemático. A sociedade precisa de paradigmas firmemente estabelecidos. Resultados que, unicamente à luz da razão, permaneceriam abertos devem ser pré-julgados. Não há nenhuma sociedade sem cultura, nenhuma cultura sem pré-julgamentos obrigatórios. Só o pré-julgamento torna possíveis a vida e a ordem sociais. Em resumo, nosso problema é: como pode emergir uma sociedade, na qual o pré-julgamento seja atenuado e flexível, e ainda assim a ordem seja mantida? Como se pode alcançar esse milagre?

Antes do milagre da Sociedade Civil, as sociedades humanas viviam habitualmente sob sistemas coercivos e supersticiosos, e geralmente tomavam essa condição como ponto pacífico. Tinham razão de fazer isso; não havia alternativas. No seio dessas sociedades, a manutenção da ordem social era normal e adequadamente vista como muito mais importante do que qualquer possível aumento do capital cognitivo ou do potencial produtivo, se é que essas coisas tinham algum valor ou fossem consideradas atingíveis ou mesmo concebíveis. Tudo isso se refletia nos valores que dominavam as sociedades agrárias: esses valores estimulavam a reverência às habilidades marciais e hieráticas, uma lei do Vermelho e do Negro. Não levavam a nenhum grande respeito ou estímulo da capacidade produtiva ou da inovação intelectual. Muitas vezes, o especialista era objeto de desprezo, medo ou ambos. Essa, mais uma vez, é a condição social normal da humanidade. É tolice esperar outra coisa.

Então, certa ocasião, algo estranho e inabitual aconteceu. Algumas sociedades, cujo ethos e organização interna moveram-se da predação e da credulidade para a produção e para uma medida de liberdade intelectual e exploração genuína da natureza, tornaram-se mais ricas, e, estranhamente, até mais eficientes do ponto de vista militar do que as sociedades que se baseiam e se valem de melhores valores marciais. Nações de lojistas, como os holandeses e os ingleses, organizadas em formas de governo relativamente liberais, derrotavam repetidamente nações nas quais as aristocracias marciais e suntuárias, partidárias dos valores de agressão e ostentação, dominavam e davam o tom.

O "subdesenvolvimento", embora ainda não conhecido com esse nome, nasceu: começaram a existir algumas sociedades, nas quais a *intelligentzia* sentiu que havia algo básica e estruturalmente errado, e nas quais se acreditava que uma reforma fundamental seria possível, desejável e imperativa. Nessa época, elas mal poderiam ser chamadas de "ocidentalizadoras", pelo menos porque o modelo que as inspirava e intrigava estava geralmente localizado mais para o norte do que para o oeste. Mas o espírito era similar: os *philosophes* dos salões pré-revolucionários foram os primeiros ocidentalizadores, ou talvez setentrionalizadores. O que fora a condição social normal do homem no mundo tradicional — governo através do medo e da falsidade — foi percebido como intrinsecamente ilegítimo e evitável. Pregavam-se a sua modificação e transformação. Surpreendentemente, o regime no qual a opressão e o dogmatismo prevaleciam não era apenas perverso, mas estava realmente mais fraco do que sociedades que eram mais livres e mais tolerantes! Essa era a essência do Iluminismo. A substituição do medo e da falsidade pelo consentimento e pela verdade era, cada vez mais, considerada como viável. Uma nova ordem social devia nascer sob os auspícios da razão e da natureza.

Quando o sistema criticado pelo Iluminismo veio abaixo em 1789 e posteriormente, as idéias "luminosas" puderam ser testadas. Essa tentativa de implementar as idéias iluministas não conduziu, entretanto, a uma ordem racional e consensual sobre a terra. Levou primeiramente ao Terror e depois à ditadura de Napoleão. Em um ritual revolucionário, uma atriz nua podia representar a Razão, mas isso não ia durar: uma monarquia imperialista e autoritária herdaria a Revolução.

Devia haver uma moral para tudo isso, e realmente havia. Ao que parece, a sociedade humana não se presta à simples aplicação de modelos pré-fabricados pelo pensamento puro. Isso é utopia. Há limites inerentes à própria natureza da ordem social, e estes têm de ser respeitados. A estrutura social tem suas razões, sobre as quais a mente nada sabe. Pensadores políticos conservadores deram grande importância a esse ponto, mas se inclinavam a deixar as coisas como estavam, simplesmente emitindo uma condenação geral da reforma e da interferência racionais, e uma advertência contra aqueles que tentassem moldar a sociedade em princípios abstratos. Deram uma irrestrita carta branca para todas as práticas políticas e intelectuais nocivas, desde que fossem tradicionais, alegando que elas eram ou podiam ser, pelo menos no fim das contas, socialmente funcionais, por mais absurdas ou repulsivas que pudessem ser, quando vistas fora de contexto. Esses conservadores-funcionalistas pouco exigentes ainda estão entre nós. Partindo da premissa correta de que algum absurdo e injustiça são socialmente funcionais, ignoram o fato de que algumas formas de irracionalidade e opressão são infinitamente menos funcionais do que outras.

Mas os conservadores não foram os únicos a refletir sobre as lições da Revolução Francesa. Alguns revolucionários fizeram o mesmo; tomaram emprestado muitas idéias aos funcionalistas-conservadores, que defendiam os absurdos do *ancien régime*, atribuindo-lhes uma utilidade oculta, e chegaram à conclusão de que, embora existam realmente coações que operam na história, e que impediriam que alguém simplesmente implementasse qualquer modelo antigo em qualquer tempo antigo sem maiores cuidados, essas coações, entretanto, não eram inteiramente malignas e hostis. Elas evitavam a reforma apressada, fácil, ignorante e ilimitada, mas também podiam fazer com que mudanças ainda mais fundamentais fossem não só possíveis, mas também obrigatórias, e, afinal — melhor ainda —, inevitáveis. A natureza da realidade social e histórica podia ser um aliado, uma expressão do progresso, e não seu inimigo. No fundo, as forças históricas eram benévolas. Não eram uma desculpa para ignorar e desafiar a Razão, mas antes seus agentes secretos. Se compreendidas corretamente, como Marx e Engels prazerosamente acreditaram tê-las compreendido, mostravam que a ordem racional sonhada pelo Iluminismo, baseada no consentimento e na verdade, e não na força e na fraude, não só *podia realizar-se,* mas afinal *iria realizar-se.* Estava escrito na natureza do social que isso aconteceria. A aurora da felicidade estava a ponto de raiar.

Essa doutrina otimista, que aprendera muito com a doutrina conservadora-funcionalista das coações sociais, e adaptou essas idéias para seu próprio uso, era o marxismo — talvez a mais elaborada, sistemática e bem orquestrada de todas as tentativas de interpretar a Revolução Francesa e tirar lições dela. Certamente, mostrou-se como a mais influente. Veio a constituir a tradição máxima da crítica do tipo de sociedade que estava realmente emergindo nas regiões mais avançadas da Europa, ao longo do século XIX. Condenava igualmente o antigo domínio de canalhas e assassinos e a nova dominação de homens de negócios e seus ideólogos. Os apologistas do mercado apelaram para a Mão Oculta; os funcionalistas-revolucionários alegaram que conheciam a Mão Oculta completamente diferente da camuflagem institucional e do apoio à iniqüidade. As Mãos Ocultas de Adam Smith e Edmund Burke são completamente diferentes. Os conservadores invocam ambas, os revolucionários da esquerda querem desmistificá-las. A nova visão atraía a todos os que detestavam a crueldade, a desigualdade e a desumanidade da nova ordem. Parecia oferecer ao mesmo tempo uma boa diagnose sobre como esse sistema surgiria e como funcionava, e uma boa receita de como ele poderia ser — e eventualmente seria — substituído, e o que o substituiria. Podia proclamar-se imediatamente como a continuação dos seus méritos — produtividade, ciência — e também a sua abolição e inversão, uma implementação de valores mais altos. Associaria o crescimento econômico iniciado pelo individualismo aos valores da comunidade, e reuniria misteriosamente o comunalismo e a liberdade.

Essa doutrina tinha um apelo muito especial nas regiões mais atrasadas do mundo, incluindo partes da Europa. Nessas regiões, ela prometia não só a reparação da injustiça e da desigualdade, mas uma superação do atraso nacional coletivo, e conseqüentemente da fraqueza e da humilhação. Assim, retrospectivamente, é tentador dizer que o marxismo era feito sob medida para o espírito russo. Capacitava-o a superar sua tensão obsessiva entre as tendências ocidentalizantes e seus anseios místicos, messiânicos e populistas, uma tensão evitada pelo islã através da disponibilidade da sua própria variante Alta — centrada nas Escrituras, unitária e individualista — que prometia a autocorreção sem uso de modelos externos.

Por outro lado, o marxismo pretendia ser científico, e até mesmo o ponto mais alto e a concretização da visão científica do mundo, sendo aplicável ao homem e à sociedade; ao mesmo tempo, todavia, reprovava as concessões morais da sociedade atual e prometia uma nova ordem totalmente livre e realizadora, sem exploração, desigualdade ou opressão. Dentro dos limites de uma única visão, podia-se satisfazer a aspiração messiânica por um mundo inteiramente incorruptível, uma sociedade harmônica, um homem contente consigo mesmo, e um desejo de alcançar o nível científico do Ocidente. O marxismo pode até ter começado como uma mensagem para as nações subdesenvolvidas — caso dos alemães, no tempo da sua primeira articulação — de que seria inútil tentar alcançar esses padrões e seria melhor acompanhar a história do mundo na sua próxima e mais alta etapa — e afinal tornou-se uma receita generalizada para alcançá-los.[1]

A ordem religiosa que foi estabelecida pelo Inácio de Loyola desse movimento, e que se denominava a si mesma partido político, empenhou-se na implacável implementação de sua visão. Graças a circunstâncias favoráveis, tomou o poder e, por algum tempo, não só governou a sociedade em questão, mas conseguiu também, em grau surpreendente, persuadi-la a aceitar essa visão como basicamente legítima e moralmente confiável. O sistema terminou em uma falência melancólica, principalmente porque, afinal, simplesmente não pôde competir técnica e economicamente com o Ocidente liberal, e perdeu as corridas armamentista e consumista.

Quando, durante um antigo e profundo rompimento ideológico do continente, o sul da Europa e áreas adjacentes arrastavam-se atrás das terras a noroeste, isso não destruiu rapidamente os regimes ligados à ideologia comum que os induzia ao atraso; as sociedades podiam voltar-se para si mesmas e isolar-se, convivendo com sua inferioridade econômica ou ignorando-a, pelo menos durante um tempo considerável. Se, no século XX, essa opção pelo isolamento era realmente possível e poderia ter sido praticada, nunca saberemos ao certo, mas é duvidoso. De qualquer forma, essa opção afinal não foi tentada: diante da inquestionável derrota no grande desafio, os líderes da primeira ideocracia secular do mundo decidiram-se pela abertura, e logo descobriram que, quisessem ou não (alguns queriam, outros não tinham certeza), não havia como deter ou limitar o processo sem usar métodos mais drásticos do que os que estavam dispostos a usar — um escrúpulo que muito os honra. Uma das novas expressões populares do Leste europeu agora é que nenhuma mulher pode estar meio grávida. Todo mundo sabe o que isso significa: não se pode liberalizar pela metade. (Na verdade isso pode ser feito, mas naquela ocasião foi impossível deter o processo em algum semitom de liberdade.)

Quando as ordens e crenças sociais se desagregam, sempre há alguns devotos leais que combatem na última trincheira. Visões circulares, que se autoconfirmam, não podem ser refutadas. Os verdadeiros crentes sempre encontram uma consolidação da sua fé nos julgamentos e nas atribulações. Sempre há os apaixonados pela visão, cuja necessidade psíquica de fé é mais forte do que suas razões para abandoná-la, e que permanecem leais nas horas mais negras. Não foi assim no império bolchevique. Não houve Vendéia, apenas muito pouco Bunker. O Bunker de 1991 não teve nem coragem nem convicção. Seus sucessores às vezes lutavam pelos despojos e pelas razões nacionalistas, ou para conservar algum "privilégio", mas praticamente ninguém teve suficiente zelo ou lealdade para lutar pela ordem e pela própria fé. Ninguém, praticamente *ninguém*, tem uma boa palavra para dizer pelo próprio marxismo. A velha *nomenklatura* se transformou em capitalistas chauvinistas ou oportunistas, com uma impressionante e terrível velocidade. Os países para os quais eles se voltam a fim de ganhar dinheiro são mais felizes do que aqueles para os quais eles se voltam para fazer limpezas étnicas. Nunca um navio naufragante foi abandonado com mais alegria e unanimidade, nunca uma experiência foi condenada mais conclusivamente. Há muito tempo, Maquiavel disse que um Estado oriental podia ser destruído de um só golpe, apenas com a condição de que fosse dado no centro: parece que esse é o derradeiro Estado oriental, desabando por causa de um abrandamento internamente induzido do seu centro, sem um único golpe.

Quando a liberalização chegou, e a adesão de fachada à fé deixou de ser obrigatória, houve um surpreendente e quase universal abandono da ideologia e uma desdenhosa indiferença em relação a ela. Agora, todo mundo via que o rei estava nu. As intuições centrais do marxismo — morais, cosmológicas, sociológicas — não são nem inteiramente absurdas nem inteiramente desprovidas de atrativos humanos. As religiões, no sentido literal, nunca foram muito vulneráveis à simples refutação pelos fatos: quanto mais difícil é a defesa da fé, mais ela define o fiel, quanto mais poder ela tem no interior do espírito, mais ela define a identidade. São condições difíceis, como aquelas que produzem *ofensa*, para usar os termos de Kierkegaard, que fazem do crente o que ele é (e segundo Kierkegaard, nada mais pode fazê-lo). O dia em que a profecia falhou raramente foi o dia em que a fé foi abandonada; antes pelo contrário. Também se diz que as crenças não se desintegram porque são desacreditadas; ela apenas cedem a crenças rivais mais atraentes. Mas o marxismo parece contradizer tudo isso: foi abandonado sem nenhuma clara alternativa à vista. As pessoas preferiam o vácuo ao velho credo. Voltaram-se para o *zastoi* do liberalismo. Por que, na primeira religião secular estabelecida do mundo, faltariam tão evidentemente a tenacidade, a capacidade de prosperar na adversidade, dos seus predecessores transcendentais? O que deu errado?

Duvido que tenhamos até agora os elementos necessários para responder a essa pergunta. Mas devemos considerar os dados que possuímos, e as explicações que parecem plausíveis. O fato óbvio de que o marxismo pretende, orgulhosamente, referir-se a este mundo e não a outro, e assim estaria bem mais exposto à refutação pelos eventos e fatos deste mundo, não explica, penso eu, muita coisa. As velhas religiões proclamavam que se referiam primordialmente a um outro mundo, mas também diziam muita coisa sobre este mundo, e a falsidade de muito do que diziam sobre este mundo não as perturbava muito. Pelo contrário, a conclusiva afirmação de falsidade contribuía para acrescentar-lhes a tensão e o sabor especiais que marcam e talvez definem a religião.

O que foi então? Uma parte da explicação pode ser procurada no coletivismo total e intransigente da versão marxista da salvação, na sua soteriologia. O marxismo realmente promete a salvação total, mas não para os indivíduos, só para a totalidade da humanidade. Não tem praticamente nada a dizer a um indivíduo que sofra de angústia pessoal ou de alguma crise existencial, exceto talvez, no máximo, aconselhá-lo a alegrar-se com a beatitude eventual de toda a humanidade, e estimulá-lo a "vestir a camisa" e participar da luta. Uma conseqüência disso foi a acentuada falta de sucesso para criar ciclos rituais de vida na União

Soviética, pelo menos aqueles que fossem ligados à fé oficial.[2] O marxismo não tem nada a dizer à tragédia pessoal e ao luto.

Mas existe talvez uma consideração ainda mais importante. A grande fraqueza do marxismo pode não ser tanto a sua eliminação formal do *transcendente* da religião, mas a supersacralização do *imanente*. Herdou seu panteísmo latente de sua ancestralidade intelectual, de Spinosa através de Hegel. Spinosa ensinara que o mundo era uma unidade indivisível imprimida pelo divino, que o permeava simetricamente. Hegel acrescentara movimento histórico a essa visão, e o marxismo nasceu dessa fusão de idéias. O marxismo reverencia o mundo e a atividade humana que se desenvolve nele. O panteísmo pode ser um possível estado de espírito para um homem pouco comum, intoxicado com Deus, como Spinosa; mas é como caviar para gente comum: o homem em geral exige um mundo espiritualmente estratificado, no qual não exista apenas o sagrado, mas também o profano. Tudo pode ser sagrado, mas algumas coisas têm de ser muito mais sagradas do que outras. O homem comum não tolera uma perpétua intoxicação com o sagrado (ainda que, de tempos em tempos, ela possa lhe agradar), e prefere a comodidade do profano. Talvez tenha sido essa ausência do profano que tornou tão fraco o contato do marxismo com o coração humano, que afinal o destruiu. Alguém disse que a sociedade não pode passar sem o sagrado: talvez ela precise pelo menos igualmente do profano.

Sacralizando todos os aspectos da vida social, principalmente o trabalho e a esfera econômica, o marxismo privou o homem de um refúgio para onde escapar durante os períodos de tédio ou de zelo decrescente. Esses períodos são inevitáveis, já que poucos indivíduos e talvez nenhuma comunidade podem manter-se indefinidamente em uma condição de extrema exaltação. Quando o entusiasmo se desvanece, é bom retirar-se para áreas neutras, que pelo menos não estão em conflito com as exigências da fé. A rotinização é uma boa companheira para a fé. Sem uma rotinização temporária, o perpétuo esforço e a natureza exigente da fé que oferece a salvação podem ser grandes demais. David Hume viu nisso a explicação do quebra-cabeça dos protestantes fanáticos: por que, ao contrário do que seria lógico, eles se mostraram afinal amigos e não inimigos da liberdade? A universalização que faziam do sacerdócio pode tê-los tornado ferozes nos dias de zelo, mas a ausência de especialistas religiosos permitiu-lhes ser especialmente mornos durante a diminuição do entusiasmo. Consideremos o islã: o crente não abandona o suporte da fé quando se volta para a atividade econômica, pois as regras da fé e a obrigação de observá-las o acompanham e o sustentam. Mas, ao mesmo tempo, a atividade econômica em si é neutra, e seu sucesso, ou fracasso, ou sua natureza não contaminam a fé.

Mas no marxismo não é assim. A atividade econômica foi sacralizada, constitui ao mesmo tempo os sacramentos e o campo de prova da fé, é uma área em que seria difícil esquecê-la. Os ícones dessa fé representam a sacralidade do trabalho e do trabalhador, no assento de um trator, com os músculos saltando com o esforço produtivo. O realismo socialista era inteiramente corpo, mas absolutamente não-erótico. O trabalho, não o amor, era glorificado. Tudo isso pode ajudar a explicar o impressionante e interessante fato de que o terror maciço e arbitrário da época de Stalin não solapou a crença; pelo contrário, confirmou-a. Uma transformação tão profunda, tão formidável da condição humana, tinha de ser anunciada e santificada pelo sangue; algumas poucas trombetas não bastariam. O assassinato em massa não solapou a convicção, mas a penúria dos anos Brezhnev teve esse efeito. Quando a *nomenklatura* se massacrou entre si, e acrescentou a essa fúria assassina uma encenação política espalhafatosa e falsa, a fé sobreviveu: mas quando a *nomenklatura* deixou de atirar em si mesma para corromper-se a si mesma, a fé se evaporou. A fraqueza das relações de trabalho foi o equivalente da corrupção do sacerdócio em outras crenças.

Assim, talvez a primeira religião secular do mundo falhou não porque privasse o homem do transcendente, mas porque o privava do profano. O marxismo proclamava liberar o homem da religião, de ver sua vida através do prisma deformante de noções fantasiosas. Forçando-o a assumir a realidade concreta com seu peso e importância totais, tornou essa realidade intolerável. A unificação das hierarquias política, econômica e ideológica em uma única pirâmide burocrática não é desastrosa apenas para a atuação prática, parece que também é catastrófica para o espírito social. Sacralizando este mundo, e principalmente os seus aspectos mais mundanos, o marxismo privou o homem do contraste necessário entre o celeste e o terrestre, e da possibilidade de uma fuga para o terrestre, quando o celeste estivesse temporariamente em baixa. O mundo não pode suportar o fardo de tanta sacralidade. No passado, religiões panteísticas de grande elevação moral, depois de tentativas de impor ideais "puros", voltaram às variantes populares "corrompidas", que reintroduziam a distinção entre o sagrado e o profano, idolatrando um ou outro. O budismo popular, por exemplo, tem pouca semelhança com a elevada atitude filosófica e simétrica diante da existência pregada pela versão pura da doutrina. Mas o marxismo não parece ter uma variante popular corrompida e viável. Assim, talvez tenha sido a deificação do processo histórico comum e concreto a causa da sua ruína. Parece que a humanidade é capaz de tolerar os Bórgias no trono papal, mas não os sequazes de Brezhnev como cardeais da revolução sagrada que deve libertar a humanidade e uni-la com sua própria essência, em um trabalho livre e gratificante. Toleram-se bandidos e canalhas como mediadores com o outro mundo; mediocridades preguiçosas como agentes de Apoteose *deste mundo*, não.

Assim, uma literalmente religiosa *Umma*, a muçulmana, unitária mas conservando a distinção entre o divino e o mundano, conseguiu manter seu domínio sobre os fiéis, e o faz com brilhante sucesso; enquanto a outra *Umma*, articulada em um código secular moderno e inteiramente monístico, fracassou melancolicamente. Fizemos algumas tentativas de explicação para esse impressionante sucesso e para esse impressionante fracasso. Cada um deles nos dá parte do contexto, para nosso esforço de definir e compreender a Sociedade Civil, que difere profundamente de ambos. Seja o que for aquilo em que a Sociedade Civil se transforme, ela é, claramente, algo que deve contrastar com as *Ummas*, tanto a bem-sucedida como a malsucedida, e também com as repúblicas aparentadas, ritualmente permeadas, sem falar, naturalmente, das ditaduras declaradas e das sociedades patrimoniais.

5

A *Umma* Bem-Sucedida

Há uma fascinante contradição no pensamento de David Hume nesse ponto, uma contradição provavelmente mais reveladora e esclarecedora do que a coerência de homens menos notáveis. Em sua *The Natural History of Religion*, Hume elabora uma sociologia da religião que, por implicação, constitui ao mesmo tempo uma teoria dos pré-requisitos da liberdade. Suas idéias centrais assemelham-se às de Gibbon e às do seguidor tardio de ambos, Frazer. Obedecem ao estilo e ao espírito do Iluminismo, mostrando admiração pelas virtudes da Antigüidade clássica e desagrado pelo *ethos* transcendente, monoteísta, centrado nas Escrituras, intolerante e egoísta que as substitui.

A Antigüidade Clássica pregava as obrigações civis e as virtudes sociais, que conduziam ao bem-estar comum no mundo real; a cristandade substituiu essa atitude por uma preocupação egoísta com a salvação pessoal no outro mundo. Hume ainda não tem a sofisticação de Benjamin Constant ou Fustel de Coulanges, e não avalia adequadamente que as liberdades dos antigos não correspondem inteiramente ao gosto moderno. O contraste nos termos em que argumenta é basicamente aquele que opõe a religião clássica — social, civil, não-transcendente, comunitária, tradicional, tolerante — à religião do mundo que a substitui, e que, pelo contrário, é egoísta, transcendente, doutrinária e intolerante. Seu rótulo para a primeira é superstição, para a última entusiasmo, e suas conclusões são claras:

> O espírito tolerante dos idólatras, tanto nos tempos antigos como nos modernos, é óbvio para todos... A intolerância de todas as religiões que mantiveram a unidade de Deus é tão notável quanto o princípio contrário dos politeístas.[1]

O contraste é evidente e a argumentação persuasiva. Os sacerdotes que oficiam os ritos da religião cívica pregam as virtudes sociais e não se interessam pela ortodoxia doutrinária. Mal possuem alguma doutrina propriamente dita ou os meios de fixá-la e codificá-la. Ao contrário, os devotos da salvação universal, genérica e individualmente atingida através da adesão à doutrina, por um lado estimulam os seus seguidores a colocar a salvação do seu próprio espírito privado acima de tudo o mais, e por outro lado definem a pertinência a essa religião pela adesão a uma convicção minuciosamente especificada; desviar-se dessa convicção define a heresia e exige castigo. Daí se segue que a humanidade estava muito melhor sob o regime dos antigos, e que a adoção de uma religião revelada, doutrinária, centrada nas Escrituras e universalista leva à perda da liberdade e à deterioração social. Esse argumento é persuasivo, e na verdade apoiado por algumas provas.

Mas alguma coisa ainda não está muito certa. Mesmo em *The Natural History of Religion*, que é principalmente consagrada a expor o tema clássico da excelência dos antigos e da corrupção dos modernos, Hume comenta um contra-exemplo:

> ... se, entre os cristãos, o inglês e o holandês celebraram princípios de tolerância, essa singularidade é proveniente da firme resolução do magistrado civil, em oposição aos contínuos esforços de padres e devotos.[2]

A maior liberdade de ingleses e holandeses contradiz claramente a tese clássica, e Hume invoca a questionável *Hilfshypothese* do magistrado civil e sua firme resolução, como que para superar a dificuldade.

Isso realmente não basta, e em outro local Hume faz melhor. Seu notável ensaio, "Of Superstition and Enthusiasm", merece figurar entre as primeiras e mais lúcidas contribuições para o debate do papel do protestantismo no advento do novo mundo. Nele, apresenta três proposições:

> ... a superstição é favorável ao poder sacerdotal e... o entusiasmo não lhe é menos contrário, ou antes, o é mais ainda do que a sã razão e filosofia.
> As religiões que partilham do entusiasmo são, no momento em que surgem, muito mais violentas e furiosas do que as que partilham da superstição, mas dentro de pouco tempo tornam-se mais suaves e moderadas.
> ... a superstição é um inimigo da liberdade civil, e o entusiasmo é seu aliado[3].

Aqui, não estamos mais no mundo anterior a Fustel, o mundo de Gibbon, que identifica a boa condição social com o melhor que se pode encontrar na Antigüidade, mas antes no mundo de Max Weber, penetrado pela consciência de que algo muito diferente aconteceu no mundo moderno e isso se liga à Reforma. Ao contrário do primeiro argumento, o entusiasmo afinal é um amigo da liberdade! A fé séria, individualista, centrada na doutrina, que abole o sacerdote, transformando cada homem em seu próprio padre, deposita sobre ele o fardo de sua própria vigilância e a perpétua e intensa ansiedade que isso acarreta — estranha, mas indubitavelmente, tudo isso é amigo da liberdade! O modelo inicial provou claramente o contrário, mas os fatos agora apontam em outra direção.

A última das três proposições faz a soma total: as outras duas tentam explicar esse estranho fenômeno, tão contrário ao plausível raciocínio de *The Natural History* anteriormente citado. A explicação proposta está próxima daquilo que Max Weber chamaria mais tarde de "rotinização": as religiões adeptas do "entusiasmo", isto é, do firme comprometimento com a doutrina abstrata e sua séria implementação, embora inicialmente intransigentes e por isso inimigas da liberdade, ocasionalmente se abrandam e se tornam tolerantes.

Elas dão pelo menos uma dupla contribuição à liberdade: primeiro, eliminam os padres, em parte universalizando o sacerdócio e assim encerrando a existência de uma casta sacerdotal diferente, e em segundo lugar tornam-se diretamente favoráveis à liberdade, durante o período de diminuição do zelo. Essa diminuição é apoiada pela ausência, entre esses ex-entusiastas, de uma categoria especial de pessoas encarregadas de manter acesa a chama da fé. A própria equalização da condição religiosa, que transformara os puritanos em devotos e em tão terríveis inimigos da liberdade na época do fervor máximo, incluindo todos os homens na histeria religiosa, também os fez mais tolerantes durante a época da diminuição do entusiasmo...

Tudo isso é ótimo e infinitamente superior às outras tentativas de Hume para explicar o potencial liberal do entusiasmo em *The Natural History*. Mas o equilíbrio do poder na sociedade, como entre os entusiastas e os adeptos da superstição, deve certamente ser levado em consideração. A história toda não poderia ocorrer de modo um tanto semelhante? Os entusiastas fizeram grandes ataques à sociedade e efetivamente foram vitoriosos durante algum tempo. Entretanto, finalmente foram derrotados, mas não destruídos. A sociedade em geral aceitou uma concessão, conservou parcialmente a superstição, o poder sacerdotal, o ritual e tudo o mais, embora com poder limitado, *e*, além disso, combinado com a tolerância para com os extremistas-entusiastas que, obrigados a renunciar à sua ambição de impor a retidão sobre a terra, se necessário pela força militar e política, voltaram-se para o pacifismo e a tolerância. Seus esforços para impor a retidão sobre a terra foram derrotados, mas eles não estavam tão abalados a ponto de serem proibidos de praticar a retidão no seio do seu próprio gueto moral, e podiam exigir com sucesso a tolerância em relação ao seu zelo excessivo, mas privado. Incapazes de garantir que a vontade de Deus fosse feita assim na terra como no céu, voltaram-se para si próprios, impuseram-na a si mesmos e, no mundo exterior, dedicaram-se à atividade produtiva, tanto quanto ao zelo religioso. Ou antes, voltaram-se para a atividade econômica, praticando-a com zelo religioso e desinteresse. Só um tal gosto pela aquisição da riqueza, platônico, puro e desinteressado, poderia gerar a ética do trabalho e defender a acumulação que produz uma economia moderna. Os que apenas desejam os bens mundanos para fins mundanos não reinvestiriam seus lucros, iniciando assim o milagre do crescimento econômico: só empreendedores puritanos fazem isso. A virtude, não a ganância, abre o caminho para o verdadeiro progresso. A ganância, e não a virtude, gera aventureiros que minam a confiança e assim pervertem a economia. Sua abstenção de maiores ambições políticas também faz com que os puritanos sejam aceitáveis pelos detentores do poder, porque não os põem em perigo, ou pelo menos não mais o fazem. Assim, não precisam mais ser segregados em um gueto social como os primeiros párias capitalistas. Os velhos governantes podem aliar-se às novas riquezas, e não confiscá-las, situação mais amigável que contribui para a comercialização geral da sociedade. Essa opção é ainda mais atraente quando as velhas classes agrárias dominantes, apegadas à sua tradição, praticam a sucessão pela primogenitura, de modo que seus filhos não se opõem a adquirir riquezas por outros meios, como o casamento e até o trabalho.

Assim, o advento da Sociedade Civil, uma sociedade liberal no sentido moderno, e não no sentido da antiga sociedade, não-liberal, fundada sobre o parentesco, ritualizada, plural e equilibrada, pressupõe um impasse entre os praticantes da superstição e os devotos do entusiasmo, assim como efetivamente ocorreu no século XVII na Inglaterra, levando a uma concessão. Isso permitiu um ritualismo diminuído e indexado e a mediação no centro, com uma *Umma* regional privatizada, entre os entusiastas minoritários que se voltam para a economia e não para uma *jihad*.

Durante muito tempo, essa rotinização e essas concessões não se abriram para esses calvinistas seculares que são os bolcheviques. Antes de tudo, não podiam ser seduzidos pelas concessões e pela rotinização, porque politicamente eram bem-sucedidos demais. Nisso, assemelhavam-se aos muçulmanos. Tinham vencido a sua Guerra Civil. Além do mais, sua criptoteologia extremamente monística e unitária (recuando finalmente até Spinosa, através de Hegel) sacralizava o mundo, o mundo inteiro, excessivamente. Para os velhos puritanos, o trabalho bem-sucedido era apenas o sinal da eleição, mas não a sua essência. Para os marxistas, o trabalho era a própria salvação humana. Ao mesmo tempo, sujeitando-o à forma de governo, não podiam abandoná-lo. Quando, através da centralização política, ele se tornou insuportável, não podia ser uma fuga, disponível durante um período de entusiasmo reduzido. Os administradores que abriam seu caminho entre a ameaça de punição pelo não-cumprimento do plano e a punição por violar a legalidade (o que era a única maneira de cumprir o plano) não poderiam desenvolver uma ética do trabalho. Desenvolveram uma ética mafiosa, que levaram até o mundo pós-comunista, onde aprenderam a falar *laissez-faire*, ao invés de "marxês". Aqueles que, como este autor, há muito tempo foram tentados a ver o marxismo como o calvinismo da industrialização coletiva e competitiva cometeram um erro: o calvinismo poderia ter os efeitos que Weber lhe atribuía sacralizando parcialmente o trabalho em um mundo profano governado por concessões políticas. Não poderia ter atuado assim em um mundo politicamente *não-concessivo*, do qual o profano foi banido, e no qual não havia refúgio para os entusiastas rotinizados.

6

Um Contraste entre as Crenças Abraâmicas

Quando as religiões mundiais doutrinárias, soterológicas e generalizadas substituíram parcialmente religiões comunais, ritualísticas e específicas na "Idade Axial", raramente ou nunca as substituíram completamente. O elemento doutrinário, individualista, universalista foi introduzido como uma grande revelação. A doutrina ou a iluminação da salvação total era oferecida a qualquer indivíduo que a procurasse; isso se acrescentava ao ritual, que constituía a definição da comunidade e a defesa do sacerdócio sobrevivente. Assim, a vida religiosa da humanidade em sociedades mais complexas devia ser a interação desses dois elementos maiores, algumas vezes harmoniosamente fundidos, outras em confronto aberto. A maneira pela qual esses dois elementos se encontraram no cristianismo e no islã é interessante: os dois casos são praticamente imagens espelhadas um do outro.

No islã, a variante centrada nas Escrituras, puritana, universalista, individualista, prevaleceu no centro. Nem sempre detentora de poder político, era, no entanto, reconhecida como autoridade normativa. Ela dava o tom, identificava e autorizava o que se reconhecia como valores mais altos. As variantes ritualísticas, mediadoras, dispensadoras de êxtase, hierárquicas eram fragmentadas, periféricas, populares e muitas vezes sentiam uma certa vergonha de si mesmas. Em resumo: a *Umma* no centro, a comunidade local na periferia, e uma emulação religiosa da comunidade nos níveis inferiores da hierarquia social. A autoridade central estava ligada principalmente ao primeiro estilo religioso, e as comunidades locais ao segundo.

Periodicamente, irrompiam conflitos entre as duas: os entusiastas do centro predominavam durante algum tempo sobre a superstição das margens, mas os fatores sociais acabavam restaurando o equilíbrio. Na

Europa, o contraste entre comunidade e sociedade se situa entre o passado e o presente: movemo-nos da comunidade para a sociedade. No islã, estas eram sempre sincrônicas: a comunidade nas margens, a sociedade no centro.

Entretanto, veio o mundo moderno — imposto por forças alienígenas, mais do que produzido de maneira endógena — e a nova balança do poder, favorecendo o centro urbano contra as comunidades rurais, fez com que a fé central prevalecesse, e temos uma bem-sucedida *Umma* por muito tempo. Esse é o mistério da natureza resistente à secularização do islã, que já discutimos.

Na cristandade ocidental, a combinação dos elementos das duas religiões foi absolutamente diferente. A hierarquia, a mediação organizada, o ritual burocratizado e a magia prevaleceram na organização central única, reivindicando uma ligação monopolística com o Fundador da fé e fonte da única revelação. Os entusiastas centrados nas Escrituras, puritanos, individualistas, simétricos, que rejeitavam o êxtase e a mediação, ficavam na margem. Eram desunidos, enquanto a organização era única e unida (pelo menos na maior parte do tempo, quando não sofria de cismas temporários).

Foi essa combinação de elementos que gerou, por alguma estranha química interna, o mundo moderno. Se assim aconteceu, como um grande sociólogo parece sugerir, provavelmente nunca saberemos: não podemos repetir a experiência para descobrir. Essa combinação, acrescida do fato de que o grande confronto entre o centro supersticioso e a periferia entusiástica terminou sem vencidos nem vencedores ou, em alguns lugares, em um impasse, poderia significar que o novo mundo estava sendo produzido. Quando ele surgiu, as negociações conduziram não a uma *Umma* geral, nem mesmo a uma série de guetos, mas à secularização generalizada. E também — o que nos interessa na presente reflexão — também levou a uma Sociedade Civil, ao pluralismo livre, não só da imposição da *Umma*, mas também do ritualismo de parentesco das comunidades.

Até agora, temos pelo menos quatro situações a considerar: as comunidades "segmentárias" pluralistas mas sufocantes da época pré-axial; a *Umma* muçulmana, que conseguiu estabelecer-se em alguns casos, embora ironicamente apenas sob o impacto da derrota por uma civilização industrial expansionista e alienígena; a *Umma* marginal cristã que fracassou, mas que com isso gerou a Sociedade Civil; e a desejada *Umma* secular marxista dos imanentistas, essa religião sócio-histórica ligada a este mundo, que falou claramente como uma *Umma* e ainda não demonstrou sua capacidade de produzir uma Sociedade Civil para sucedê-la. Tudo isso produziu, de modo geral, pelo menos entre uma proporção significativa de seus antigos cidadãos, um desejo muito sincero e ardente pela Sociedade Civil — mas isso não é a mesma coisa.

Talvez também se devam considerar outras opções sociais: impérios centralizados pré-industriais, Estados "patrimoniais", geralmente superpostos às comunidades segmentárias locais subjugadas; e as sociedades industriais bem-sucedidas e competitivas, que adotaram técnicas científico-industriais (algumas vezes com brilhante sucesso) mas não, ou não completamente, os elementos da sociedade industrial que primeiro produziram a sociedade do crescimento produtivo regular.

7

A Sociedade Civil Completa o Círculo

Há uma certa verdade na idéia de que a Sociedade Civil se tornou o slogan central no desmantelamento da sociedade marxista porque, como dissemos no início, a intuição central do marxismo pode ser resumida como a afirmação de que a Sociedade Civil é uma fraude. Sua parceria com o Estado era uma fraude, ou assim se dizia: ambos estavam em colisão, o Estado era um agente disfarçado de uma subparte de uma Sociedade Civil dominante, e não absolutamente um árbitro neutro, guardião da paz. Ele apenas se apresentava como tal. A própria comunidade moral da Sociedade Civil era igualmente fraudulenta: mascarava a institucionalização patológica da ganância e da possessividade, alheia à real natureza humana, em um jogo em que vencedores e vencidos eram afinal igualmente vítimas.

Verificou-se que, finalmente, era a pretensa superação da Sociedade Civil pelo marxismo que era fraudulenta. Efetivamente, a alegada fraude continha algo extremamente valioso e indispensável. Enfim, não é que os expropriadores fossem expropriados, mas, antes, os supostos desmistificadores se revelaram como os maiores perpetradores de mistificações e fraudes.

Não estou insinuando que os soviéticos e europeus do Leste que tiveram suas vidas prejudicadas por essa fé e se voltaram para essa idéia durante as décadas de 1970 e 1980 o fizeram deliberadamente, deleitando-se conscientemente com a ironia de virarem a mesa. Enquanto os reformadores do mundo soviético, nos anos 50, ainda desejavam invocar os ideais e slogans marxistas, os dos anos 80 estavam cansados do marxismo e tão completamente indiferentes a ele que não se preocupavam em defendê-lo. Não mais lhe deram a honra de fazer-lhe uma oposição racional, para usar as palavras de Jane Austen. Duvido que estivessem muito preocupados ou conscientes desse aspecto da questão: antes, voltaram-se para o slogan da Sociedade Civil porque ele continha, de modo conciso e sugestivo, exatamente aquilo de que mais careciam e que mais desejavam. A aspiração pela Sociedade Civil nasceu das condições sociais do Leste europeu e do mundo soviético.

Nas mãos desses críticos da ordem social bolchevique, o conteúdo da idéia é luminoso e simples: o fim do monolito, do monopólio da verdade e da informação, de tudo o que caracterizava o "socialismo realmente existente". Essa expressão foi forjada em uma das últimas tentativas do sistema para justificar-se: ela visava a dizer aos críticos românticos ultrapassados que não deveriam ter muitas esperanças e contentar-se com o tipo de socialismo que era possível ter na terra, abstendo-se de apontar continuamente seus erros.

Como enfatizamos, tudo isso pressupunha tacitamente que o pluralismo que substituiria o centralismo seria um pluralismo de um tipo especial e desejável, diferente do pluralismo das sociedades segmentárias, antigas ou tribais, que, embora não fosse tirânico, dentro de um estilo centralizado, era sufocante. Isso não era o problema principal em suas mentes, e nem mesmo estava presente: mesmo que Solzjenisin pudesse pensar em uma volta à simplicidade da Rússia rural do nordeste, uma volta para algum tribalismo eslavo há muito perdido não estava em seus planos. No seio da direita russa há uma pequena corrente que deseja situar o espírito eslavo não na Igreja ortodoxa, mas no paganismo pré-cristão: a conversão de Vladimir foi possivelmente o primeiro complô sionista contra a Santa Rússia. Mas mesmo que as reconstruções históricas do paganismo eslavo sejam interessantes, não o são politicamente. O populismo arcaico não é uma corrente significativa no atual do Leste europeu, e aqueles que falam da Sociedade Civil não têm necessidade de explicitar que não desejam reviver os clãs eslavos pré-cristãos.

Embora a idéia de Sociedade Civil seja simples, o conceito histórico ao qual está ligada é complicado e confuso. Considerando-se que se baseia parcialmente na metafísica de Marx e Hegel — uma tradição cujos autores dificilmente podem ser apresentados como modelos de lucidez —, isso não é surpreendente. Sua prosa e seu pensamento eram, com efeito, para usar as palavras de John Maynard Keynes, "túrbidos". Assim, se a ligação com essa pré-história do conceito deve ser estabelecida, alguns esclarecimentos são necessários.

Antes de mais nada, com que a Sociedade Civil estava sendo comparada e contrastada nessa tradição? Um contraste é crucial em dois níveis totalmente diferentes, e os pensadores dessa tradição nem sempre fazem claramente essa distinção. Por um lado, há o contraste entre sociedades nas quais um poder que não é político reclama existência e aquelas onde isso não acontece. Na sociedade feudal, como os estratos políticos e econômicos são nitidamente visíveis e manifestos, legal e ritualmente avalizados, poderia parecer que tudo está claro. Não há falsas aparências. Também não há separação. Existe apenas uma ordem social, política e econômica. Não se fala de Sociedade Civil distinta do Estado: existe apenas uma coincidência parcial, hierarquia política e especialização econômica idênticas, reforçando-se mutuamente. Posição política e função econômica são firmemente unidas, e uma acarreta a outra. O sujeito político é também o camponês, o proprietário da terra é também o legislador e juiz. As especializações políticas e econômicas estão ligadas umas às outras.

O que contrasta é uma sociedade na qual há dois reinos completamente diferentes: o político (que é também moral) e o sócio-econômico (que é moralmente neutro e instrumental). Enquanto não há mentira nas sociedades de tipo feudal, cuja estrutura parece ser transparente, pode-se dizer que não há patologia social entre elas? Não é bem assim. Há *menos* patologia? Esta seria, como a temperatura, medida em graus? Dificilmente alguém pode fazer a metafísica de um sistema em que não acredita, mas deve registrar a sua perplexidade. Algo parece não ter sido pensado até o fim. O marxismo de certa forma hesitou entre uma condenação do capitalismo isolado, e uma condenação de todas as sociedades de classes, e havia um desvio lógico entre as premissas implicadas nessas duas condenações.

Tendo contrastado sociedades que contêm essa separação e outras que não a contêm, também devemos atentar para o contraste interno no interior do primeiro tipo. Isso é a Sociedade Civil no sentido estrito: aquela parte da sociedade que se opõe à estrutura política (no contexto de uma ordem social na qual essa separação ocorreu e é possível).

Devemos atentar para esse confronto externo. Uma pergunta interessante é: em que sentido, precisamente, a Sociedade Civil é fraudulenta? É porque ela *é* realmente o que pretende ser, ou porque *não é*? Pretende ser a área do auto-interesse individual e da livre conquista de objetivos privados; será esse férreo egoísmo que a torna má? Se for assim, onde está a mentira? A fraude estaria, então, não na Sociedade Civil como tal, mas na estrutura social total, na relação da Sociedade Civil com seu Estado protetor, na neutralidade espúria deste último? Ou é a Sociedade Civil apenas que já é moralmente espúria, pois seu igualitarismo formal não faz visível a desigualdade oculta, o peso do jogo social, a real impotência dos formalmente livres, e todos os arranjos secretos, a separação entre proprietários de capital e os outros, e sua tácita cumplicidade com o Estado? Ambos os temas parecem ter estado presentes, mas sua mútua compatibilidade é menos do que óbvia.

A doutrina marxista parece sustentar que cada um desses dois parceiros é individualmente fraudulento, e também o é na sua parceria. A Sociedade Civil, individualismo produtivo atomizado, baseado na propriedade privada, não é realmente exigida, na opinião marxista, para a realização dos negócios produtivos da sociedade. Pelo contrário, sem divisão de classe gerada pela relação assimétrica com os meios de produção, os homens se organizariam espontaneamente para operar a "administração das coisas", sem ter que, aparentemente, administrar-se uns aos outros. Entretanto, parece ser parte da doutrina que isso só é possível em um alto nível de forças produtivas, e também, por alguma razão, em um nível baixo, bem no começo da história — mas não no estágio intermediário de nível de produtividade moderado, não muito alto, o que constitui a versão marxista da Queda, entre o Jardim do Éden e a Segunda Vinda. Mas também parece ser parte da doutrina que a Queda é funcional e necessária para o desenvolvimento econômico da humanidade: a Queda não só atribui aos redentores uma tarefa e uma justificação; também lhes dá — e só ela poderia dar-lhes — as ferramentas para esse trabalho...

Ao mesmo tempo, o Estado também é supérfluo porque a administração coercitiva de conflitos, longe de ser inerente à condição humana como tal, só é exigida na condição de presença de classes antagônicas, agudamente presentes mas ocultas (na maior parte pelo Estado-fraude), na fraudulenta Sociedade Civil. Na ordem social, na qual ela está presente na sua forma mais aguda, a divisão de classes é marcada pelo mito de um Estado neutro e benevolente, e pelo igualitarismo formal mas irreal da Sociedade Civil.

A descrição que venho traçando deve muito ao notável ensaio de Leszek Kolakowski, "The Myth of Human Self-Identity: Unity of Civil and Political Society in Socialist Thought".[1] O autor tem a grande vantagem de ser ao mesmo tempo um sério historiador do pensamento marxista e uma pessoa que viveu o ciclo completo de fé e desilusão no Leste Europeu. Entretanto, usei minhas próprias palavras e pode ter ocorrido que eu tenha falhado em fazer justiça às intenções e significados de Kolakowski.

O interessante objetivo do ensaio de Kolakowski é descrever o paralelismo entre a fraqueza da crítica marxista original da idéia de Sociedade Civil, e a fraqueza histórica das sociedades que surgiram da tentativa de implementar as idéias marxistas. Ao enfatizar o fato de que a realidade sempre é mais complexa do que a ideologia, ele observa:

> ... uma ideologia é sempre mais fraca do que as forças sociais que são os seus veículos e tentam assumir os seus valores.[2]

Kolakowski continua, mostrando como a aspiração mal orientada da teoria tem uma marcada convergência com os terríveis defeitos de sociedades que praticam o "real socialismo", sociedades que, no tempo em que ele escrevia, eram mais numerosas do que são hoje.

A aspiração moral subjacente que ele credita ao marxismo é a abolição da separação entre o social e o político. (Isso poderia parecer a tácita e não admitida corrente romântica no pensamento e na sensibilidade marxistas — que condena o capitalismo, mas, por implicação, absolve a ordem social que o precedeu, com sua fusão de hierarquia política e econômica, apesar de seu caráter classista, opressor e explorador.) É isso que perturba a sociedade, e é isso que causa uma profunda dor no coração humano. É isso que nos privou da nossa unidade humana, externamente na ordem social e internamente em nossos espíritos:

> O sonho de uma comunidade humana perfeitamente unificada é provavelmente tão velho como o pensamento humano sobre a sociedade ... tem profundas raízes na consciência de uma divisão que a humanidade sofreu, aparentemente já no começo da sua existência, depois de abandonar a inocência animal...[3]

Kolakowski afirma em seguida que, considerando-se as reais limitações da natureza humana (o conflito não surge apenas da oposição de classes) e da organização industrial, a tentativa de implementar essa reunificação do espírito e da sociedade só pode terminar no tipo de tirania que efetivamente e sem exceção caracterizou o comunismo. Isso é inteiramente convincente, e o tempo o comprovou — embora pudesse, com mais proveito, ter dito mais claramente sem todas essas sóciometafísicas. Como ele diz com mais eloqüência:

> ... não há razão para esperar que esse sonho possa acontecer, exceto na forma cruel do despotismo; e o despotismo é uma desesperada simulação do paraíso.[4]

Apesar disso, mesmo como uma exposição, isso não faz sentido. A alienação do espírito etc., é agora considerada como contemporânea da própria história da humanidade, tendo seu ponto de partida logo depois da perda da inocência animal. O que acontece com o comunismo primitivo, nessa interpretação? Só os primatas estavam livres da alienação? Ou, se a cruel separação entre o social e o político é tão particularmente característica da sociedade burguesa — com sua cidadania formalmente igual no Estado supostamente moral, conjugado com suas brutais desigualdades no mercado amoral — por que não olharíamos para trás, como fizeram muitos românticos, com nostalgia e tristes anseios por uma sociedade feudal, na qual, *ex hypothesi*, o social e o político coincidiam e ninguém precisava esconder a face? Então, houve uma ordem social que não temia dizer o seu nome... Parece que houve uma terrível hesitação sobre a data da partida do Jardim do Éden: foi no fim da "inocência animal", no fim do comunismo primitivo, ou no fim da ordem feudal? Seria importante datar definitivamente a Queda...

Essa obscuridade e outras semelhantes surgem imediatamente logo que se tenta entender precisamente a idéia de Sociedade Civil e seu papel no seio da tradição à qual o marxismo estava articulado. É um tanto confuso ser igualado a algo que provocou paixões políticas entre grandes massas do Leste europeu. Será que os homens realmente assumem grandes riscos e fazem grandes sacrifícios, dominados por um desejo apaixonado de abolir a distinção entre o social e o político dentro de seus próprios espíritos? Isso não parece muito convincente. Os homens não se precipitam às ruas sob o impulso de sentimentos metafísicos tão complexos e ambíguos. Pelo menos, eu não pensaria assim. Será que eles combatiam contra esse desejo sedutor nos seus próprios corações, afinal, quando se voltaram violentamente contra a sociedade criada pelo marxismo?

A idéia operacional de Sociedade Civil é útil, e não tão complexa. Não foi à toa que adquiriu sua recente popularidade e força. Mas dar-lhe uma significação sociológica terra-a-terra — pluralismo institucional *de um certo tipo* — é mais útil do que reportar-se à pomposa tradição ideológica da qual ela surgiu. Isso apenas serve para confundir, mesmo um brilhante expositor como Leszek Kolakowski, que afinal se desvia para além dos limites do sentido. Essa idéia precisa apenas de um contraste e de um contexto histórico realístico. É necessário que a vejamos contra o pano de fundo de opções históricas múltiplas, porque nosso mundo social é um lugar complexo. Precisamos ir além da simples oposição binária entre o pluralismo e o césaro-papismo bolchevique, pois nosso mundo não se resume a esse contraste. Mas fazendo assim, temo que teremos pouca ajuda das tenebrosas obscuridades da tradição hegeliana e marxista.

8

Adam Ferguson

Historicamente, uma das origens do uso da expressão "Sociedade Civil" é *An Essay on the History of Civil Society*[1], de Adam Ferguson. Mas esse trabalho tem muito mais do que interesse histórico. Sua maneira de tratar o problema, que claramente o obcecava profundamente, ajuda a esclarecer o resultado contemporâneo ligado a essa idéia, apesar do fato (ou talvez mais ainda) de que a situação diante da qual ele estava era completamente diferente da que predomina hoje, mais de dois séculos depois.

Como seus contemporâneos iluministas da Escócia e do Continente, Ferguson era observador da transição da sociedade aristocrática para a comercial, e de uma sociedade, embora não estivesse muito consciente disso, destinada a tornar-se industrial. Ferguson não era um economista. Em seu livro, nega de forma convincente que seja perito nessa matéria, referindo-se a ela como "um assunto com o qual não tenho intimidade", e remete o leitor para uma obra que deveria ser publicada logo, por um certo Mr. Smith, autor da *Theory of Moral Sentiments*. As observações diretas de Ferguson sobre a economia parecem, de fato, confusas e inseguras. Mas quando se trata das implicações políticas e sociais da economia, ou da sociologia econômica, suas percepções são profundas e importantes.

Ferguson antecipa e talvez em parte também cometa o curioso erro de Adam Smith, que atribuía o abandono da independência feudal e aristocrática ao fato de que os nobres se deixaram seduzir por "quinquilharias", como diria Smith, pelas tentações da ostentação, através da posse de objetos de luxo, destinando seu dinheiro à aquisição desses objetos, ao invés de com ele recrutar e manter seus servidores. Aqui, Smith confundiu a causa e o efeito: em um Estado efetivamente centralizado, um séquito de servidores não tem muita utilidade; na verdade, isso é proibido, ao passo que as "quinquilharias" constituem uma forma de riqueza e ostentação mais facilmente armazenável e de maior liquidez, além de ser mais aceita. Ferguson nota a mesma tendência, mas a situa no contexto do governo centralizado, monárquico: "O próprio soberano deve grande parte de sua autoridade ... ao reluzente cortejo que exibe em público. Os súditos demonstram sua importância através de uma exibição semelhante, e para isso trazem consigo, a todo momento, os ornamentos de suas fortunas."[2] Essa observação parece mais próxima da correta ligação causal, embora persista a suspeita de que a ostentação, em sim mesma, não tenha um papel político tão grande quanto se diz. Ainda assim, é interessante notar que o "Estado teatral" estava presente no Ocidente: ele não é uma especialidade oriental. Se os hanoverianos, notoriamente de classe média, puderam ser vistos assim, o que poderia ser dito sobre os Bourbons, os Romanovs e os Habsburgos?

Entretanto, o que realmente distingue Ferguson é que ele é um observador perplexo e até preocupado com o tipo de Sociedade Civil que vê surgir. Compreende muito bem o que distingue a sociedade emergente na Europa do seu tempo de sociedades mais antigas, incluindo as da Antigüidade Clássica. Sua descrição dessa diferença é muito semelhante à que Emile Durkheim produziria um século depois, usando as expressões Solidariedade Mecânica e Orgânica. Como Durkheim, Ferguson se concentra na divisão social do trabalho.

"Tendo separado as artes do vendedor de roupas e do curtidor de couro, estamos mais bem providos de sapatos e vestimentas."[4] Não há nada muito polêmico aqui, e Mr. Smith rapidamente daria grande notoriedade a essa idéia. Mas Ferguson continuou imediatamente rumo ao centro da questão, o ponto no qual a divisão do trabalho realmente adquire implicações cruciais para a sociedade. Estas são as próximas frases: "Mas separar as artes que formam o cidadão e o homem de Estado, as artes do governo e da guerra, é uma tentativa de desmembrar o caráter humano e destruir essas próprias artes que queremos aperfeiçoar. Com essa separação, privamos efetivamente um povo livre daquilo que é necessário para a sua segurança; ou preparamos a defesa contra a invasão do estrangeiro, que pode ocasionar a usurpação, e ameaça o estabelecimento de um governo militar no país."[5] Como Durkheim, ele nota que as conseqüências sóciopolíticas da divisão do trabalho são ainda mais importantes do que as conseqüências econômicas.

Esse pensamento continua a preocupá-lo: "O refinamento ostensivo da idade civilizada não é desprovido de perigo. Ele abre uma porta, talvez, para o desastre, tão ampla e acessível quanto qualquer uma das que ele fechou. Se constroem muros e fortalezas, irritam o espírito daqueles que têm que defendê-los ... abatem o espírito militar de nações inteiras ... preparam para a humanidade o governo da força."[6]

É isso que está no centro da ansiedade de Ferguson. A Sociedade Civil é muito boa, mas separar os governantes-guerreiros dos civis, as artes do cidadão das artes da guerra não cria o perigo de um golpe por parte dos primeiros, o que destruirá a pacífica ordem que gerou, ela própria, essa separação? Esse é o perigo!

O contemporâneo de Ferguson, Gibbon, notou com uma certa surpresa incrédula que os bárbaros desapareceram, ou pelo menos ficaram muito reduzidos em números relativos e em força, de modo que o perigo que dominara a civilização antiga não estava mais presente. Os nobres da Polônia, da Alemanha e da França podiam encarar qualquer coisa que a estepe asiática lhes arremessasse. Ferguson não pensa que esse perigo específico ameaça a Europa: pelo contrário, observa a nova desproporção de forças entre a Europa e o resto, e lucidamente antecipa a conseqüência, isto é, a emergência dos impérios coloniais, que de fato foram os frutos dessa desproporção no século XIX.

Não é o perigo externo que o preocupa, são as conseqüências internas da participação decrescente na coerção, por uma população de uma sociedade "civilizada", cujos cidadãos se dedicam à produção e não à honra marcial, e permitem que a legítima coerção seja não apenas uma especialidade, mas uma especialidade monopolística de uma única instituição, o Estado — um ponto que um teórico mais recente, Max Weber, tomaria como a própria definição do Estado. Sem dúvida, isso é um perigo, insiste Ferguson nervosamente.

Aqui, Ferguson faz eco involuntário ao teórico de uma outra civilização, Ibn Khaldun, que aborda o mesmo ponto, não como uma antecipação nervosa, mas como um simples fato: os produtores que delegam a segurança a outros, a especialista em governo e em guerra, tornam-se política e militarmente emasculados e impotentes.[7] Os especialistas-produtores só podem fazer isso, no mundo de Ibn Khaldun, porque suas especialidades os atomizam e impedem essa coesão que é a condição da eficiência política e militar. Assim, os especialistas urbanos simplesmente não tinham escolha. Só produtores não-especializados podem ser verdadeiros cidadãos-soldados. No mundo que Ibn Khaldun conhecia isso certamente era verdade, e por essa mesma razão não havia e não podia haver uma Sociedade Civil, em nenhum sentido real. Os produtores especializados, atomizados, eram vítimas politicamente impotentes da tribo coesa e não-especializada, que dominava a cidadela e constituía efetivamente o Estado. No mundo familiar a Ferguson, isso não era verdade, ainda não acontecera. Algo parecido quase aconteceu em 1745, mas significativamente esse empreendimento falhou. Assim, as advertências de Ferguson têm mais o tom de uma inquietação incômoda do que o tom de uma segura predição de um desastre — embora ele use essa palavra, como vimos. Menciona freqüentemente Demóstenes, e quase assume a sua postura...

Um Demóstenes não era necessário no século XVIII na Europa, embora Ferguson brincasse com essa idéia. O verdadeiro perigo não era que a preocupação com a atividade comercial e produtiva desviasse a mente dos cidadão das virtudes cívicas a tal ponto que eles não mais se disporiam a resistir a uma ameaça externa, ou a sucumbir à coerção interna dos especialistas que eles convocaram para protegê-los dos perigos externos. Ferguson não tinha condições de entender o que os reais e novos perigos seriam: a nova sociedade, até então, não se revelara suficientemente para que esse discernimento fosse possível. Mas suas reflexões sobre perigos que não eram mais reais esclarecem a ordem social pela qual ele se interessava.

Ele também tinha seus momentos meio otimistas, quando rejeitava a sugestão de que os homens deveriam escolher entre virtude (politicamente participante) e interesse pela riqueza (politicamente omisso). Ele diz que aqueles que "não pensam em nada a não ser no número e na riqueza de um povo" fazem isso "talvez por causa da opinião de que as virtudes do homem são seguras", enquanto aqueles que "não pensam em nada a não ser em preservar as virtudes nacionais" fazem isso "por causa do medo da corrupção".[8] Mas o otimista que ele tem em si repudia o dilema: "A sociedade humana tem obrigação de pensar nos dois. Essas duas posições se opõem apenas por engano..." Seria como se pudéssemos ter ao mesmo tempo a riqueza moderna e a antiga virtude, ou pelo menos não sermos totalmente desprovidos de nenhuma delas e gozarmos de uma sociedade baseada em ambas. Assim, se tivermos sorte, poderemos gozar ao mesmo tempo da participação e da riqueza! Ferguson não antecipa uma nova Sociedade Civil, na qual uma liberdade participante é realmente baseada na riqueza...

Em oposição a todos que tentassem impor um dilema intransigente entre afluência e virtude, Ferguson observa corretamente que "as características da guerra e do comércio se combinam de várias maneiras: elas se formam em diferentes graus, pela influência das circunstâncias..."[9] Mas, em outros tempos, como vimos, ele não está muito certo do seu prudente otimismo, e essa ansiedade e essa vacilação inspiram as suas excelentes e profundas reflexões.

Os romanos são louvados por sua falta de especialização; em outras palavras, pela liberdade de não aceitar a divisão do trabalho, mesmo na questão das habilidades marciais. "... os antagonistas de Pirro e Anibal ainda ... precisavam ser instituídos nos primeiros rudimentos do seu ramo." Mas eles tiveram instrução, mesmo que tivesse sido a que os gladiadores lhes deram. "... o altivo romano ... conhecia a vantagem da ordem e da união, sem ter sido obrigado às artes inferiores do soldado mercenário; e tinha coragem para enfrentar os inimigos do seu país, sem ter praticado o uso das suas armas, com medo de ser chicoteado."[10] Mas Ferguson continua, dizendo que os romanos

> ... dificilmente poderiam ser persuadidos de que chegaria um tempo em que as nações refinadas e inteligentes fariam a arte da guerra consistir em algumas poucas formas técnicas; em que os cidadãos e os soldados poderiam ser tão diferentes quanto as mulheres e os homens; em que o cidadão iria adquirir uma propriedade que ele não conseguiria, ou não seria chamado a defender.[11]

Ferguson atribui claramente aos romanos uma aversão pela especialização, e um orgulho do amadorismo, um sentimento que os ingleses também gostariam de cultivar posteriormente, em um contraste marcante com o carrancudo profissionalismo prussiano. Ferguson sente que os romanos tinham um princípio: aquele que deixa o especialista encarregar-se de um aspecto crucial da vida está fornecendo reféns para o destino.

Um exemplo mais contemporâneo que Ferguson usa é o de um chefe pele-vermelha americano dirigindo-se ao governador britânico da Jamaica, no começo das hostilidades com a Espanha. O chefe ficou impressionado não só com o pequeno número dos homens armados à disposição do governador (que estava esperando por reforços da Europa), e até mais com a presença de civis comerciantes, que não estavam sendo alistados para o conflito. O governador explicou-lhe que os comerciantes e outros habitantes não participavam dos combates. O chefe ficou perplexo com essa idéia de status civil. "... quando eu vou para a guerra não deixo ninguém em casa, exceto as mulheres..." O chefe estava expressando claramente os sentimentos naturais de uma sociedade participativa. Aqui Ferguson assume um ar superior e comenta que esse "guerreiro simples" não podia imaginar, evidentemente, que entre nós, nações sofisticadas, a guerra e o comércio não fossem tão diferentes, que "exércitos poderosos podem ser mobilizados por trás do balcão ... e ... quantas vezes o príncipe, os nobres e os homens de Estado, em muitas nações civilizadas, podem ... ser considerados comerciantes."[12] O fato de que a guerra é feita por especialistas de certa forma a torna comparável a outras atividades: ela é uma continuação do comércio por outros meios, ou talvez pelo meio contrário. Ferguson não concorda com o romano, mas realmente concorda com o pele-vermelha.

Todavia, nem sempre toma esse ar de superioridade altiva.

> Na evolução das artes e da civilização, os membros de cada Estado estão divididos em classes; e ... não há distinção mais marcante do que entre o guerreiro e os habitantes pacíficos; não mais do que isso é preciso para colocar os homens na relação de dono e escravo. Mesmo quando os rigores de uma escravidão estabelecida diminuem, como aconteceu na Europa moderna ... essa distinção ainda serve para separar os nobres da base ... Certamente a humanidade nunca previu que, na conquista do refinamento, tivesse de reverter essa ordem; nem mesmo que tivesse de colocar o governo e a força militar das nações em mãos diferentes. Mas também não se previu que a primeira ordem podia ocorrer mais uma vez e que o cidadão pacífico ... deveria um dia inclinar-se para a pessoa a quem ele confiou a espada? Se essa revolução deve realmente acontecer, o novo senhor reativará, na sua própria ordem, o espírito dos nobres e dos livres?... Receio responder.[13]

O que ele está dizendo é que a emergência da Sociedade Civil não tinha precedentes e "certamente nunca foi prevista pela humanidade". Ela vai realmente contra a ordem normal e natural das coisas. Sua preocupação é: essa ordem não poderia voltar?[14]

Ele não analisa adequadamente as condições distintas que levaram, no noroeste da Europa moderna, à subordinação dos coatores aos produtores. Ele não elabora, como Karl Marx faria depois, uma teoria da sujeição da coerção à produção (e nem cometeria o absurdo marxista de generalizar essa idéia para toda a história humana). Ferguson teme claramente a perspectiva da volta das velhas prioridades, e menciona a ausência dos Brutos e dos Fábios, depois que os bandos pretorianos se transformaram na república romana. A coerção pode voltar, sob a forma pretoriana, ao invés da antiga forma cívica: esse é o seu medo.

Mas Ferguson também tem suas esperanças, embora não desprovidas de ansiedade. Se o pensamento binário — riqueza ou virtude — é um engano, como ele espera, apesar disso é algo que o preocupa. Está longe de sentir-se completamente seguro de que isso seja um engano; gosta de pensar que é, mas não consegue deixar de duvidar. Por acaso, é realmente um engano. Mas não se tratava de uma ansiedade infundada, e Jakob Burckhardt o repetiria no próximo século, baseado em uma experiência mais extensa da moderna sociedade européia.[15]

O modelo básico de Ferguson envolve a interação da honra e do interesse: as sociedades comerciais substituem as marciais, e embora não desgoste desse processo, está preocupado com sua permanência ou irreversibilidade. Em termos mais simples, ele teme um recrudescimento da honra, e de um tipo inferior — a dominação dos pretorianos, e não a do autogoverno de um povo livre e altivo.

Uma fraqueza ou deficiência no raciocínio de Ferguson é que, enquanto descreve a combinação entre os dois participantes principais, não considera o papel da religião. A esse respeito, ele é inferior, por exemplo, a David Hume. A visão principal de Ferguson sobre a emergência do Estado moderno é simples: o monarca, aliado ao povo, subjuga a dinastia feudal, libertando o povo da sujeição aos senhores e estimulando a prática das artes comerciais e lucrativas. Algumas vezes, isso pode fortalecer a coroa, mas também pode voltar-se contra ela e levar a "um espetáculo novo na história da humanidade: a monarquia misturada com a república, e extensos territórios governados, durante algum tempo, sem força militar."[16] Essa é a variante favorável, britânica, do caso. Em tudo isso, não há nada sobre o possível papel da Reforma...

Não obstante, existe uma área em que Ferguson não concede um lugar a uma tal religião, na gênese das formas sociais pelas quais ele se interessa. A história não é só a interação e a competição entre a honra e o interesse: por vezes, um terceiro participante, a virtude, também entra em cena. Uma sociedade comprometida com a dominação da virtude é diferente de outra, adepta da honra ou seduzida pelo interesse. Na sua devoção intransigente à virtude, e na implacável sujeição dos seus cidadãos à sua prática, ela é realmente uma *Umma*, uma comunidade carismática, por assim dizer.

Entretanto Ferguson não pensa nos muçulmanos ou nos puritanos: o que tem em mente é Esparta. Cita Xenofonte: "... os espartanos ultrapassavam todas as nações, sendo o único Estado no qual a virtude é estudada como o objetivo do governo."[17] Fazer da virtude o objetivo primordial do governo é realmente uma boa definição de *Umma* ou de uma comunidade carismática. Ferguson chama os espartanos de povo singular, pois "só eles, na linguagem de Xenofonte, fizeram da virtude em objetivo do Estado".[18]

Uma devoção tão completa à virtude faz efetivamente da sociedade uma espécie de comunidade sacramental. Mas essa única interferência da religião no esquema de Ferguson não o modifica verdadeiramente: tudo o que a religião faz, nesse caso, é reforçar, além da medida normal, as atitudes políticas que, de outra forma, são mantidas apenas pela honra. O excesso leva somente a uma rejeição absolutamente excepcional do conforto e do interesse, e diminui, como sem dúvida se desejava que acontecesse, o perigo da sedução do luxo ou da ganância. Em Esparta, a devoção à honra se tornou tão extrema que constituiu uma forma de virtude. Mas isso não é relevante para os interesses modernos. A sociedade moderna não é tentada pela volta ao tribalismo segmentário, nem, *a fortiori*, pela virtude. Essa opção social existe apenas sob a forma de subcomunidades carismáticas, como os kibbutzim. Estes são (ou foram) realmente espartanos, ascéticos e orientados para a virtude, mas atraem apenas minorias muito engajadas ideologicamente. No mundo moderno, é muito difícil difundir esse espírito através de toda a sociedade, ou preservá-lo durante muito tempo. As subcomunidades orientadas para a virtude, auto-selecionadas, têm grande tendência para a rotinização.

Assim, Ferguson estava principalmente preocupado com um perigo que afinal não se apresentou, pelo menos na forma que ele previra, e nesse ponto ele se enganou sobre o mundo em que vivia. Mas se nos perguntarmos o que Ferguson percebeu na situação e que considerou como problema, veremos mais claramente o que realmente caracteriza a Sociedade Civil e o que são os seus problemas.

Por um lado, as sociedades estão preocupadas com a manutenção da ordem e com a sobrevivência diante dos inimigos; por outro lado, com a manutenção ou com o aumento da produção. Esses dois interesses dominam a sociedade em proporções variadas, mas em geral pode-se dizer que, quase por definição, o primeiro interesse predomina nas sociedades "selvagens" e o segundo nas "civilizadas". O primeiro pode ser satisfeito de dois modos: pelo poder centralizado (tirania) ou por alguma forma de participação. O segundo exige, naturalmente, daqueles que tomam parte nele, um espírito viril, uma determinação e uma capacidade de defender-se contra a opressão. Como disse Montesquieu, as repúblicas se baseiam nas virtudes do homem, e as tiranias nos seus vícios. Os valores que estimulam esse tipo de atitude podem ser resumidos na palavra "honra".

Por contraste, os valores que constituem a orientação para a produção, o comércio e o conforto podem ser chamados de "interesse".

Ferguson observa uma forte tendência para um desvio da honra para o interesse, nas modernas nações européias. Em si, esse desvio torna o mundo mais rico e mais populoso, e não há nada de condenável nisso. Mas aqui está a dificuldade: esse aumento da produção e do conforto da vida depende da divisão do trabalho. Também não há nada de errado nisso, quando envolve simplesmente a separação entre as atividades do vendedor de roupas e do sapateiro, e mesmo de suas pessoas. Mas a questão se torna mais grave quando também se separa o cidadão do guerreiro e do homem de Estado: em palavras mais simples, o mercado não poderia levar a uma nova servidão? Muito antes que Hayek expressasse a opinião de que a abolição do mercado constituiria um "Caminho para a servidão", Ferguson temia o oposto: o próprio mercado, e não a sua eliminação, levaria a isso.

Ibn Khaldun analisou brilhantemente um mundo em que, precisamente, isso acontecerá; onde os especialistas comerciais estavam politicamente impotentes diante de um Estado baseado em tribos coesas e não-especializadas, enquanto Ferguson não atentara para isso. Ibn Khaldun aceitou um mundo em que a civilidade e a coesão eram mutuamente incompatíveis, e onde o problema que resultava disso era resolvido pelas *cidades,* que forneciam o primeiro elemento, e as *tribos,* que forneciam o outro. A situação era estável, exceto por um certo movimento cíclico no seu interior, que, entretanto, deixou o padrão geral inalterado. Ferguson enfrentou uma sociedade instável, na qual havia um desvio acentuado para a civilidade, e temia que o equilíbrio que resultava disso levasse à subjugação.

Ferguson estava completamente errado: o que ele temia não aconteceu. Os guerreiros não assumiram o controle das nações comerciais e industriais avançadas. Mesmo quando uma curiosa coalizão de guerreiros e industriais tentou fazê-lo, na Alemanha e no Japão, durante o intervalo das guerras, eles foram eliminados. O domínio militar caracteriza o insucesso, mais do que o sucesso, das nações orientadas para o interesse: não é a divisão do trabalho, mas um nível relativamente baixo dessa divisão, que leva a isso. Agora sabemos disso. Mas as razões que o fizeram pensar assim eram boas, e se tentarmos saber por que elas de fato não atuaram no mundo real, aprenderemos muita coisa.

Em outros tipos de sociedade, o tipo de situação que Ferguson observou na Europa moderna teve, afinal, precisamente o tipo de conseqüência que ele temia. As populações comerciais, que confiavam em outros para a sua política e/ou defesa, estavam sujeitas a perder a sua independência interna ou externa, ou ambas. Das cidades-repúblicas comerciais da primitiva Itália moderna, só Veneza sobreviveu durante o século XVIII, e apenas como uma sombra do que foi — e também isso terminou sem resistência, com a simples aproximação de Napoleão. Maquiavel, separado no tempo de Ibn Khaldun apenas por poucas gerações, viu o mesmo problema em um ambiente mais difícil e menos estável, e propôs um diagnóstico similar, porém mais pessimista. No mundo de Maquiavel, só os suíços, em sua opinião, ainda eram um exemplo da antiga honra, mas dificilmente poderiam fornecer governantes ao resto da Europa ou mesmo à Itália. Apenas ofereciam mercenários temporários, nem mesmo mamelucos (mercenários permanentes), ao passo que, no mundo de Ibn Khaldun, turcos, árabes e bérberes proporcionavam um inexaurível suprimento de governantes-guerreiros coesos, capazes de complementar os especialistas atomizados e não-coesos do mundo produtivo, urbanizado e sedentarizado. *Salammbô*, de Flaubert, uma obra curiosa que fala de uma sociedade que tem razões para temer seus mercenários, é usada como parábola de uma sociedade aterrorizada por seus próprios trabalhadores contratados.

O autogoverno participativo é um organismo robusto quando cresce entre comunidades rurais pastoris ou montanhesas, e muitos deles sobreviveram durante longo tempo no mundo moderno; mas quando se combina com o comercialismo, esse organismo raramente vive muito, embora seja capaz de produzir uma esplêndida floração. As cidades-estados comerciais são frágeis, não robustas. Por que deveriam os comerciantes livres do noroeste da Europa sair-se melhor do que seus predecessores que jazem no passado histórico?

Há algumas boas razões pelas quais esse destino não lhes ocorreu (embora essas razões tenham escapado a Ferguson):

1) Contínuo e acentuado crescimento. O que aconteceu no século XVIII na Europa não foi apenas uma daquelas revoluções que podem ter ocorrido em ocasiões anteriores, nas quais o comércio e a produção durante algum tempo prevaleceram sobre a predação e a dominação como temas e valores sociais centrais. Isso realmente aconteceu antes, e então a instabilidade política resultante tornou curta a duração dessa situação; mas desta vez, estava acompanhada por dois outros processos — a incipiente Revolução Industrial, levando a um método de produção inteiramente novo, e a Revolução Científica, que garantiria uma interminável sucessão de inovações e um aparentemente interminável e importante aumento dos poderes produtivos. Isso significava que o novo sistema social dispunha, afinal, de um ilimitado Fundo Social de Corrupção. Ele até podia, através da corrupção, escapar de qualquer amea-

ça externa ou interna. De qualquer forma, sua superioridade tecnológica o dispensava de pagar qualquer gorjeta a bárbaros estrangeiros. A espingarda Gatling poderia se encarregar disso.

2) A Sociedade Civil poderia realizá-lo, e só ela; e a Europa era um sistema de múltiplos Estados. Isso é importante porque, embora a nova ordem social pudesse adquirir os meios de descartar a insatisfação, só poderia fazê-lo se fosse deixada em paz para operar a nova economia. Não havia garantia de que os especialistas em política e coerção que ela usava lhe permitiriam necessariamente atuar em paz e sem perturbações: em sua ganância, poderiam até matar a galinha dos ovos de ouro. Os temores de Ferguson não eram inteiramente injustificados. De fato, em duas ocasiões muito importantes, pelo menos, eles fizeram precisamente isso: os agentes da Contra-Reforma e os bolcheviques estrangularam uma grande parte da Europa (não exatamente a mesma região, mas em certas partes se sobrepuseram). Coatores e ideólogos substituíram os produtores ou os dominaram, com conseqüências desastrosas. Mas em um sistema de Estado plural, no qual outros Estados prosperam visivelmente, os sistemas que estrangulam e os que são estrangulados são, afinal, eliminados por uma variante social da seleção natural. Em um sistema de múltiplos Estados, era possível estrangular a Sociedade Civil em alguns lugares, mas não por toda a parte: e as sociedades civis que sobreviveram demonstraram a sua superioridade econômica e até militar sobre as formas de governo autorizadas que desprezavam o interesse e só procuravam a honra ou a virtude, ou alguma insípida combinação das duas. O Vermelho e o Negro até se apoiavam reciprocamente. Um sistema de múltiplos Estados colaborou para que a Sociedade Civil, que controla os seus Vermelhos e os seus Negros, sobrevivesse em pelo menos alguns lugares, mesmo que estrangulada em outros. A superioridade econômica e mesmo militar de uma sociedade em crescimento até obrigava as outras a segui-la. A seleção natural garantia o que a previsão racional ou o controle não conseguira.[19]

3) Nessas circunstâncias, nas sociedades não estranguladas, a produção se torna um melhor caminho para a riqueza do que a dominação. Em sociedades tradicionais, quem tem poder político conseqüentemente logo adquire riqueza. Esse fato não é inteiramente desconhecido mesmo nas sociedades comerciais e industriais, mas é incomparavelmente menos importante. Nelas, o melhor caminho para ganhar dinheiro é ganhar dinheiro. É perfeitamente possível fazer isso sem adquirir poder ou preocupar-se com ele. (Isso virtualmente define a

Sociedade Civil.) A economia está onde a ação está, e é possível dedicar-se à atividade econômica sem cuidar muito, ou até nada, de problemas de poder. Nem todos os industriais têm uma corte de bandidos, nem todos são mafiosos, nem todos são burocratas corruptos. Nem todos são "amigos do rei". É possível prosperar simplesmente tratando dos próprios negócios. Essa é outra maneira de dizer que a lei protege a riqueza, independentemente do fato de que alguém tenha formado alianças especiais ou grupos de seguidores para a sua proteção. A riqueza leva ao poder, mais do que o contrário. Isso é ao mesmo tempo notável e excepcional. O marxismo transformou esse fato em crime, quando ele deveria ser uma fonte de orgulho, e generalizou de forma absurda a predominância da produção sobre uma suposta "superestrutura" política, como uma lei que governasse todas as sociedades de classes, quando na realidade trata-se de um característica única de um tipo de sociedade.

4) A divisão do trabalho assume uma forma completamente nova. Não é que haja, simplesmente, muito mais especialização do que havia antes: trata-se de um tipo qualitativamente diferente de especialização. Ferguson percebeu algo sobre isso. Viu que o que realmente importava não era apenas a separação entre o vendedor de roupas e o sapateiro, mas a separação entre cidadãos e soldados. Porém, há mais do que separação: é o *modo* pelo qual eles estão separados que mudou, e isso tem uma importância extrema. Isso escapou até a Durkheim, um século depois, quando ele agrupou diversos tipos de divisões "orgânicas" complexas do trabalho, sem distinguir com uma ênfase adequada a diferença entre uma civilização tradicional complexa e avançada e o mundo industrial moderno.

Em certo sentido, a divisão do trabalho avançou agora mais do que nunca na sociedade industrial: há tarefas mais distintas e separadas. Mas em outro sentido, há menos tarefas, e há muito mais homogeneidade: cada tarefa é executada no mesmo estilo e com um espírito muito semelhante. Os manuais e as regras são articulados em uma linguagem conhecida e acessível a todos, porque há mobilidade entre as tarefas; a reciclagem do trabalhador é relativamente fácil, e os monopólios sindicais são raros; uma formação genérica, preparando um homem para todas as especialidades, é mais importante para a sua identidade do que o treinamento adequado para a sua tarefa específica. A mobilidade ocupacional é a norma. Assim, as especializações se interligam, os especialistas são obrigados a se comunicarem, e a entenderem outros especialistas; têm que "falar a mesma língua".

Em outras palavras, os homens são primordialmente membros de uma Cultura Alta (isto é, de uma nação) compartilhada, e só secundariamente, se tanto, por membros de um sindicato ou de uma casta. Por conseguinte, mesmo que ocorra a separação entre as funções militares e as outras funções, que Ferguson temia como o arauto de um novo e pior domínio de bandidos pretorianos, em outro sentido a especialização militar pode assemelhar-se a todas as outras: não gera casta ou propriedade fundiária, é uma profissão como qualquer outra, como a agricultura, no caso. O movimento para dentro ou para fora dela não é limitado, e sua remuneração segue as leis do mercado, mais do que as leis da extorsão, que no passado permitiu que aqueles que podiam coagir tirassem tudo o que queriam daqueles que não podiam. As sociedades modernas têm fazendeiros, e não camponeses: a agricultura é uma ocupação como qualquer outra, que pode ser assumida ou abandonada sem cruzar legal ou ritualmente os limites santificados de uma casta ou propriedade. Essas sociedades têm soldados, mas não uma casta de guerreiros. O mesmo é verdade para os políticos e a profissão das armas: os Negros e os Vermelhos não são legal ou sacramentalmente distintos do resto da sociedade. Quando não estão em serviço, geralmente se vestem à maneira civil. Dificilmente é possível distingui-los. O comandante da vitoriosa expedição britânica às Falklands se orgulhava do fato de que era o realizador de uma tarefa. Não era um aristocrata militar nem um membro da classe guerreira.

É esse único tipo de divisão do trabalho que explica um estranho aspecto da Sociedade Civil — extremamente estranho em um contexto histórico comparativo: isto é, que aqueles que estão em posições de poder não são remunerados fora de qualquer proporção com todos os outros (nem obrigados a algum exagero de virtude ascética), mas, pelo contrário, os seus ganhos são relativamente baixos e nada muito fora do comum. Na sociedade tradicional, isso só podia ocorrer nas comunidades muito participativas, que adotavam os mandatos temporários nas posições de poder — por exemplo, sorteando os ocupantes, como faziam os gregos, e apenas para um tempo limitado — ou que cultuavam a virtude ascética e a exigiam com rigor dos seus próprios líderes, como no caso dos espartanos, que tanto impressionou Ferguson.

5) Autocontrole ou modularidade. Na Europa, com a Reforma, surgiu um tipo de religião que evitava as sanções externas e a desconsideração ritual pelas obrigações sociais, e, ao contrário, jogava sobre cada indivíduo o enorme fardo de ser o seu próprio sacerdote e seu juiz interno. Se essa ética gerou ou acompanhou uma economia cada vez

mais voltada para o individualismo é uma questão muito discutida. Essa busca da virtude, tão desinteressada e individualmente sancionada, dava uma clara e significativa contribuição para a emergência da Sociedade Civil; de acordo com Tocqueville, foi isso que tornou viável a democracia na América. A virtude como objetivo do Estado ou como política pública é provavelmente desastrosa para a liberdade. A virtude, livremente praticada entre adultos, pode ser uma boa companheira da Sociedade Civil, ou até o seu pré-requisito essencial. A preocupação com a virtude levou os homens a uma desinteressada procura do interesse — acumulação sem gozo, daí reinvestimento, daí crescimento contínuo — mais do que a uma transformação da riqueza em poder, status, prazer ou salvação, como é mais comum entre os homens. Foi o interesse desinteressado que estava na base do capitalismo, segundo Max Weber; e foi uma vocação mais individualmente escolhida do que socialmente imposta que produziu uma sociedade móvel e inovadora. Ironicamente, foram homens que levavam sua vocação muito a sério que produziram uma ordem social na qual as vocações se tornaram opcionais. Não há Contrato Social geral para todas as sociedades, apenas tipos específicos de Lei Fundamental para cada tipo de sociedade: e o comprometimento individual com o contrato, e não o status, parece ser uma das bases dessa ordem social.

6) O impasse ideológico. Para que a virtude seja privatizada, o que pode ser essencial é que os praticantes e pregadores da virtude imposta, intransigente e absoluta, e os praticantes da velha religião ritualística rival, socialmente enraizada e socialmente adaptadora, terminem os seus conflitos em um impasse, e assim em tolerância mútua, como aconteceu na Inglaterra. Isso estimula os tradicionalistas ritualísticos a proporcionar a estrutura social geral, mas sem cometer excessos: seus rivais, afinal, não são descrentes, mas crêem com excessiva convicção e sinceridade. A Igreja anglicana estava mais preocupada em combater o entusiasmo dos puritanos do que com a infidelidade. Isso também levou os puritanos a se voltarem para dentro, e às vezes para a acumulação desinteressada e por isso mais efetiva, pregando e praticando a tolerância, já que precisavam dela para si mesmos. O desinteresse da sua busca da riqueza não é apenas economicamente lucrativo, também é politicamente lucrativo. Como não usam sua riqueza para a aquisição de poder (não mais do que a usam para comprar prazer ou salvação, como faz habitualmente a humanidade), romperam o círculo vicioso que no passado obrigava os detentores do poder e eliminar os bem-sucedidos acumuladores de riquezas, como uma ameaça política iminente. Os puritanos podiam ser tolerados, pois não mais procuravam o poder.

7) Impasse político (que se tornou possível com o crescimento). Ferguson está plenamente consciente disso, embora não o ligue ao impasse ideológico. O impasse político gera essa mistura de monarquia e república, que ele admirava na Inglaterra e que levou a uma perfeição única no governo da Lei.

No seu notável *People, Cities and Wealth*,[20] E. A. Wrigley mostra que os grandes economistas clássicos, normalmente considerados como profetas do capitalismo emergente, estavam de fato extremamente ansiosos, para não dizer pessimistas, com as suas projeções. Viam contradições econômicas internas, que poderiam ocasionar problemas (opiniões retomadas sob uma forma modificada por seu discípulo Karl Marx). Ferguson poderia ser contado entre eles como alguém preocupado não com as contradições econômicas (que ele não pretendia compreender), mas com as contradições políticas, que ele percebia agudamente. O que é interessante é que ambos os tipos de pessimismo acabaram sendo invalidados pelo mesmo fator, pela tremenda expansão do poder produtivo acarretado pelo impacto da tecnologia científica. A vitória da sociedade comercial sobre a sociedade predatória no século XVIII tornou-se, por uma vez, permanente e estável, e afinal não destruiu a si mesma, porque a revolução comercial e a revolução política foram, com o tempo, complementadas pela revolução científico-industrial, que forneceu os meios com os quais ela podia tornar-se permanente e segura. Mais ou menos do mesmo modo, a competitiva modernização do islã levou a uma vitória permanente do Alto islã sobre o islã Popular, enquanto, no passado, estes apenas oscilavam, em uma espécie de padrão cíclico.

Consideramos, em um ordem histórica invertida, duas reflexões profundas sobre a Sociedade Civil: a exposição de Leszek Kolakowski sobre aquilo que perturbava a tradição marxista quanto à Sociedade Civil e a de Adam Ferguson como uma preocupação antecipada em relação à sua viabilidade política. Essas duas formas de ansiedade são extremamente diferentes em estilo e em características humanas. A marxista pertence claramente ao mundo do romantismo do século XIX. Seu tom é o dos *Sofrimentos do jovem Werther*. O homem quer ser completo, e lamenta-se amargamente porque tem seu espírito dividido entre as preocupações políticas e econômicas. O marxismo, ao que parece, desejava um homem livre da separação entre o homem econômico e egoísta e o homem político e moral: a unidade do espírito era a idéia subjacente. O realismo terrestre do século XVIII escocês não deixa lugar para essa angústia tão refinada: ele se preocupa menos com aquilo que a divisão faz ao espírito do que com aquilo que ela pode fazer à sociedade; o perigo que isso possa levar a uma indesejada forma de servidão.

Na verdade, essa separação é um aspecto inerente da Sociedade Civil, e realmente uma das suas maiores glórias. O preço da liberdade pode ter sido outrora a eterna vigilância: o que é esplêndido na Sociedade Civil é que mesmo os distraídos, ou os preocupados com seus assuntos particulares, ou com qualquer outra razão inadequada para o exercício da eterna e intimidadora vigilância, podem ter a esperança de gozar a sua liberdade.

Só o bravo merece a bela, diz o poeta. Mas não poderíamos aspirar a uma ordem social na qual mesmo os tímidos pudessem desfrutar a beleza feminina? Essa sempre foi a minha maior esperança. A Sociedade Civil é uma ordem na qual a liberdade, sem falar da formosura da mulher, está ao alcance até dos acanhados, dos não-vigilantes e dos distraídos.

9

LESTE É LESTE E OESTE É OESTE

A distribuição geográfica relativa da atomização social é interessante. De qualquer forma, há uma impressionante diferença, neste ponto, entre dois pensadores, Maquiavel e Tocqueville.

Em um trecho notável (e que lhe valeu a má fama de ancestral do moderno "orientalismo", no sentido pejorativo), Maquiavel opõe os problemas e dificuldades da conquista nas sociedades ocidentais e orientais. Nada é mais fácil, sugere ele, do que o início de uma invasão de um reino do Ocidente. Por causa de sua fragmentação em subunidades feudais autônomas ou independentes, é fácil encontrar aliados entre barões descontentes, e com sua ajuda penetrar no reino. E pode-se acrescentar que também não é nada difícil, com a ajuda desses aliados locais, vencer o monarca local e derrubá-lo. É então que as verdadeiras dificuldades começam. A fragmentação que tornou a invasão inicial tão fácil faz com que a dominação efetiva e segura seja difícil ou impossível.

Como tudo isso é diferente no Oriente! Enfrenta-se um reino absolutista unido, e derrotar tão poderoso inimigo, com uma base militar tão boa, pode ser realmente difícil. Mas se, como Alexandre, consegue-se uma vitória decisiva, depois é fácil. A sociedade está política e militarmente pulverizada, e uma vez que se destrói a força central, nada mais resta. Depois de uma só vitória crucial, a dominação é fácil, garantida e permanente.

Tocqueville, mais de quatro séculos depois, também analisou a sociedade ocidental e foi um arguto observador do Oriente. Seu próprio envolvimento com a política francesa o levou, durante o período da Monarquia de Julho, que também foi o começo da implantação francesa no norte da África, a interessar-se muito pela Argélia. O tema central das suas reflexões é exatamente o oposto das do florentino.

Discutindo a guerra com Amir Abd el Kader, originariamente um sacerdote rural que construíra um Estado argelino em oposição ao francês, nas ruínas que os turcos deixaram para trás, ele faz uma observação que é diametralmente oposta à de Maquiavel. No que se refere ao dominadores turcos, ele pode simplesmente ter feito eco a Maquiavel: apenas uma única e decisiva batalha destruiu os turcos, baseados principalmente em Argel. Os otomanos derrotados ofereceram seus serviços aos novos vencedores e, quando a oferta foi declinada, foram despachados em um número de barcos surpreendentemente pequeno e mandados para Istambul. De fato, o seu governo estava baseado na concentração de força em um lugar e na fragmentação do resto da sociedade. Governavam a segmentada sociedade argelina com pouquíssimos homens, como os franceses notaram com amargura quando, no fim do seu próprio período na Argélia, eles, por sua vez, precisaram de 400 mil homens para a mesma tarefa.

Quando os franceses inicialmente enfrentaram a resistência local, a história foi completamente diferente. Tocqueville enfatiza principalmente que na luta com Abd el Kader, que era efetivamente o líder de todas as tribos ativamente hostis aos franceses, mas a quem os cabilas, por exemplo, se recusavam a apoiar, era inútil esperar ou procurar um encontro decisivo, ou supor que haveria algum ponto central, cuja captura decidiria o desfecho da guerra. Os franceses estavam enfrentando uma sociedade que na verdade se reduzira a pó, mas que podia reunir-se rapidamente, logo que as condições fossem favoráveis.

Tanto Maquiavel quanto Tocqueville eram observadores atentos, e o Oriente Próximo não mudara tão radicalmente entre o começo do século XVI e o século XIX. Sob a dominação superficial dos otomanos, o mundo de Ibn Khaldun continuava a viver. Assim, qual dos dois estava certo?

Naturalmente, ambos. Tinham focalizado diferentes aspectos do Oriente. O Estado central oriental tinha realmente as propriedades que Maquiavel lhe creditara: não era o ápice de uma complexa pirâmide de poder, no seio da qual, de direito e de fato, houvesse uma dispersão de autoridade efetiva. Uma única vitória sobre o único poder central levaria o resto da sociedade impotente para as mãos do vencedor. Mas, de modo algum, nenhuma parte do Leste, especialmente as regiões áridas do Oriente Médio, foram realmente governadas a partir de algum centro nervoso urbano ou por alguma única corte.

A teoria política local podia ser realmente absolutista, mas a realidade era diferente. Uma grande parte do campo, particularmente quando de difícil acesso provocado pelo relevo montanhoso ou pelo deserto, era povoada por unidades sociais autogovernadas, autônomas ou independentes, extremamente difíceis de conquistar ou, se conquistadas, de serem administradas. Podiam estilhaçar-se facilmente na derrota e na fuga, mas rapidamente se reuniam em uma força formidável, sob a direção de um líder dotado do frágil carisma do sucesso. Não havia uma corte exemplar que dominasse a sociedade. Um centro forte pode ser essencial, e pode controlar áreas vulneráveis, urbanas e sedentárias, mas grande parte da sociedade era parcial ou totalmente autônoma, na verdade sempre negociando e renegociando suas relações com o centro, ao sabor de um instável equilíbrio de poder.

Essas comunidades tinham se tornado relativamente raras na Europa, até nos séculos XV ou XVI. Maquiavel, que sabia que elas tinham sido comuns e até constituíam uma espécie de norma na Antigüidade, notou que na sua Europa só os suíços viviam como os antigos (isto é, poderosa coesão dispersa, santificada por uma religião seriamente obedecida). No norte da África e em muitas regiões do Oriente Médio, essas comunidades sobreviveram suficientemente para desempenhar um importante papel político já no século XX. As tribos iranianas e marroquinas tiveram um papel significativo, mesmo quando a estrutura formal, mas não a realidade da política, evoluíra para a emulação da formulação ocidental. Elas eram, pelo menos nominalmente, tribos constitucionalistas ou até socialistas...

Maquiavel encarou o mesmo problema político que Ibn Khaldun, seu predecessor por um par de gerações, mais ou menos, e o mesmo problema que preocuparia Adam Ferguson muito depois, em um tempo em que ele cessara de ser agudo: qual seria a base realista da ordem social, quem seriam os defensores do Estado, satisfazendo a velha e difícil exigência platônica de procederem como corajosos cães de guarda contra as raposas externas, mas não procedendo eles próprios como raposas em relação ao rebanho sob seus cuidados? Uma pergunta difícil. Os exércitos civis, recrutados nas populações urbanas, não contavam muito, enquanto os mercenários poderiam tomar o poder se fossem vitoriosos ou desertar se fossem derrotados. Maquiavel estava perplexo com o problema e não tinha uma resposta muito boa, a não ser recomendar o uso de forças mistas, talvez na esperança de que elas não fugiriam ou atacariam seus chefes ao mesmo tempo. Era o melhor que ele podia sugerir, e não era uma solução muito brilhante.

Ibn Khaldun ofereceu melhores soluções do mesmo problema. Nem teve de inventar ele próprio uma solução: a sociedade que ele estudava e que o cercava encontrara a solução muitas vezes, muito regularmente, e ela parecia funcionar. Os extensos confins sociais da savana e da montanha forneciam um enorme reservatório, uma espécie de ventre político de comunidades coesas, capazes de defender-se, e obrigadas a isso e a administrar a si próprias. Também podia fazer funcionar um Estado maior, quando tivessem a ocasião, através do declínio de uma dinastia anterior (que, por sua vez, também emergira de modo semelhante). O Estado era um dom da tribo para a cidade.

Ibn Khaldun nem se preocupou em comentar essa solução. Simplesmente analisou o processo como um fato, como a única ordem social possível, uma lei do funcionamento social. Ela era validada pela sua inevitabilidade, mais do que pelos seus efeitos, relativamente benéficos. De qualquer forma, não há razão para discutir o que não pode ser de outra forma, como Aristóteles observou.

Maquiavel não podia adaptar essa solução para a Itália e a Europa. Só os suíços tinham as antigas virtudes necessárias, mas não havia suficientes suíços para isso, e de qualquer forma, por mais formidáveis que fossem como soldados (os franceses, observou Maquiavel, não podiam vencer, sem ou contra eles), simplesmente não tinham bastante imaginação e ousadia para construir um Estado em terras estranhas. Os normandos outrora fizeram isso, de lado a lado da Europa, de Dublin até Palermo e Kiev, mas os suíços careciam de um certo *savoir faire* político. E então?

O importante é que o problema que Maquiavel não pôde resolver, e que Ibn Khaldun resolveu, por assim dizer de modo pragmático, a partir da prática comum da sua própria sociedade, estava sendo resolvido na Europa de uma maneira inteiramente nova, durante os séculos que separavam Ibn Khaldun e Maquiavel de Ferguson e Tocqueville. No Ocidente, isso não era questão de opção, como fora na Antigüidade Clássica, entre a comunidade participante e o império centralizado: o Estado feudal, pluralista e semi-segmentário, já fora substituído pelo Estado moderno, primeiramente barroco e monárquico, depois participativo e "democrático". Tocqueville enfatizou que a república jacobina apenas continuou e completou o trabalho de centralização da monarquia francesa, ou também se pode dizer que a monarquia centralizadora, com seu respeito pela propriedade, já tinha preparado o terreno para a Sociedade Civil, que o Estado democrático moderno completou. A assim chamada monarquia absoluta não era tão absoluta; respeitava a lei e a propriedade. Mesmo a mais absolutista das monarquias européias, a russa, impressionou profundamente um visitante da

Pérsia, no século XIX, pelo grau de obediência à lei que os detentores do poder deviam observar.[1] (A severa opressão ao campesinato era o reverso do respeito aos direitos dos nobres, uma aristocracia funcional, cuja lealdade era comprada pela segurança de suas propriedades e privilégios. Só a muito mais tardia abolição bolchevique dos direitos de propriedade e a nova imposição da servidão submeteram ao mesmo tempo a *nomenklatura* funcional e o campesinato reconvertido à servidão a uma igual arbitrariedade.) Esse era o aspecto mais significativo do Estado barroco, como mostrou Perry Anderson em *The Lineages of the Absolute State*.[2] À sua sombra, emergiu uma Sociedade Civil independente, não submissa, pronta, no tempo certo, a assumir o Estado e capaz de fazê-lo.

Esse era o mistério: havia um Estado central efetivo, que, enquanto adquiria um poder tão grande, apesar disso não pulverizava o resto da sociedade, tornando-a submissa e impotente. Emergiu uma sociedade que deixou de ser segmentária — ou como uma alternativa para o Estado, ou como um modo de eficiente ausência de Estado, ou como uma oposição interna ao Estado, ou parcialmente sua aliada — e capaz de oferecer uma força para contrabalançar o Estado. Toda a lógica das formas sociais do passado ia contra a simples possibilidade desse fenômeno, mas apesar de tudo ele surgiu. Esse é o mistério da Sociedade Civil.

10

Centralização Política e Descentralização Econômica

Há duas razões principais pelas quais a descentralização econômica é essencial na sociedade industrial e constitui certamente um pré-requisito de qualquer coisa que se assemelhe a uma Sociedade Civil.

Essa sociedade só pode ser plural — e contendo forças e mecanismos que contrabalancem o poder, que estejam situados na esfera econômica ou funcionem através do poder econômico — precisamente porque uma efetiva centralização política e coercitiva é um pré-requisito necessário para seu funcionamento; assim não pode haver muito equilíbrio na esfera coercitiva. As sociedades tradicionais podem ter pluralismo na esfera da manutenção da ordem, e algumas vezes o têm. Como as estruturas econômicas e sociais não são separadas das políticas, devem tê-lo nessa esfera conjunta, se é que devem tê-lo em algum lugar.

Na medida em que esse pluralismo político pressupõe eventuais ou ocasionais conflitos violentos, as unidades que se opõem entre si e que de tempos em tempos entram em conflito devem assegurar-se da lealdade de seus membros, suficiente para levá-los a lutar e a arriscar suas vidas. Conseqüentemente, como já dissemos, devem ser altamente ritualizadas.

Na moderna sociedade industrial, essa profunda aura adere apenas à comunidade total, o Estado nacional, e talvez à preservação da sua ordem política básica. Não adere às subunidades, que são opcionais e superficiais. Não se espera que um homem morra pela sua região, seu burgo ou sua comunidade de trabalho. Não é obrigado a usar roupas que indiquem sua condição de membro de um grupo, nem é obrigado a torcer pela equipe esportiva local. Pode, sem ser insultado ou agredido, torcer pela rival. Há torcidas da Inter de Milão fora de Milão, ou do Manchester United fora de Manchester, e seus membros não são excluídos do ritos e da vida social de suas comunidades locais — podem freqüentar as festas locais tranqüilamente. Isso deve ter sido difícil na cidade antiga, mas é aceito na moderna. Um homem pode modificar laços desse tipo sem sentir-se envergonhado ou estigmatizado. O que George Santayana disse sobre nossa nacionalidade e sobre nossas relações com as mulheres — não podem ser honrosamente modificadas, e são muito acidentais para merecer mudanças — aplica-se ao país, mas não à região. Podemos mudar de região sem formalidades, rituais, trauma ou traição. Não era assim nos dias de clãs e linhagens. A comunidade total nacional ainda é muito significativa — ou antes, é mais significativa do que jamais foi — mas suas subunidades perderam sua potência.

Por essas várias razões, o pluralismo político, em termos de unidades coercivas independentes ou autônomas, está "fora de moda". As unidades locais não têm o peso adequado. Por outro lado, a liberdade é impossível sem pluralismo, sem um equilíbrio de poder. Como não pode ser política, tem que ser econômica. (O pluralismo ideológico ainda deve ser discutido; por enquanto, a argumentação supõe apenas duas opções.)

O segundo argumento para a indispensabilidade do pluralismo econômico — isto é, a existência, na sociedade, de unidades produtivas e controladoras da propriedade genuinamente independentes — é o argumento da eficiência econômica, dos pré-requisitos do crescimento econômico (que, por sua vez, é quase certamente um pré-requisito para o tipo de pluralismo social que desejamos).

As hierarquias políticas obedecem à lei que governa provavelmente muitas sociedades humanas — ou seja: do ponto de vista de qualquer subunidade na hierarquia (indivíduo ou grupo), a manutenção da posição dessa subunidade deve ser a consideração primordial e predominante, suplantando de muito qualquer preocupação com a realização eficiente da tarefa formalmente atribuída a ela.

A notória ineficiência das economias comunistas, afinal tão evidente na relação dos balanços sociais de 1989, brota primordialmente dessa fonte. O melhor comentário sobre as economias comunistas é a história de Václav Havel sobre o tcheco entusiasta da fabricação de cerveja — sendo a cerveja o coração da vida tcheca — que devotou toda a sua energia a melhorar a qualidade do produto da cervejaria na qual estava empregado. No fim, foi humilhantemente demitido como sabotador. A inovação e a eficiência são intrinsecamente desagregadoras.

Daí se segue que a maneira certa de administrar uma sociedade industrial está no princípio do Estado como "vigia noturno", com a autoridade central coercitiva preocupando-se apenas com a defesa e a ordem, deixando tudo o mais para o "mercado"? Não; e nem mesmo remotamente é verdade. O modelo de "mercado" da Sociedade Civil pode ser aplicado às condições muito especiais que prevaleceram na Inglaterra do século XVIII, durante o primeiro aparecimento da sociedade industrial. Essas condições incluíam, acima de tudo, a existência de uma tecnologia muito fraca, apenas capaz de um desempenho melhor do que o dos métodos tradicionais de produção, e que fazia a contínua inovação parecer atraente, mas nada além disso. Uma tecnologia fraca desse tipo pode ser deixada livre e não desagregará — ou pelo menos não muito — a ordem social ou o ambiente. Compara-se isso com a tecnologia disponível no presente: qualquer uso irrestrito desta muito possivelmente conduzirá a uma total desagregação do ambiente e da ordem social. As conseqüências indiretas da tecnologia moderna são terríveis. Além do mais, a inovação técnica é freqüentemente irreversível e de grande porte. Em suma, tanto o seu porte quanto as suas conseqüências são tais que só podem atingir a totalidade da sociedade: não se trata mais de enegrecer temporariamente o vale ímpar do Lancashire.

Há que se considerar também a legitimidade moral e a aceitabilidade de um mercado sem controle. A inovação técnica no começo ou durante a primeira Revolução Industrial não estava muito longe, em suas idéias, do senso comum compartilhado pela sociedade. Os inventores daquele tempo eram principalmente homens práticos de bom senso, não cientistas abstratos atuando nos limites da teoria científica comum. Os benefícios acarretados pela inovação tinham conseqüentemente uma espécie de legitimidade: eram a recompensa de empresas inovadoras por parte daqueles que eram assim recompensados. Esses homens realmente trouxeram benefícios à sua sociedade.

Hoje, a inovação é o fruto de um progresso científico generalizado, e o inventor é apenas o afortunado, mas último elo de uma corrente para a qual muitos outros contribuíram. De fato, muitas vezes não é o inventor da nova idéia que é recompensado pela implementação desta. A discriminação dos que participaram da contribuição para o progresso é quase impossível. As recompensas são aleatórias, e freqüentemente não vão para os inovadores criativos, mas para intermediários. A atividade econômica ocorre em um ambiente social, não no ambiente natural: os operadores bem-sucedidos não são os vencedores da natureza, mas os "espertos" que sabem como se dar bem nos intrincados meandros da máquina econômica. A legitimidade dessa riqueza é muito duvidosa.

Há um outro aspecto moral nisso. A mobilidade da sociedade moderna levou à existência de pequenas unidades sociais, notadamente a família nuclear, e na qual ambos os adultos estão empregados. A recente revolução social muitas vezes fez com que a unidade social fosse até menor. Essas pequenas unidades, nas quais os adultos têm geralmente um emprego em tempo integral, simplesmente não conseguem carregar o fardo de cuidar daqueles que, por qualquer motivo, não podem trabalhar. Naquilo que é basicamente uma sociedade muito afluente, a existência de extrema pobreza generalizada entre os membros da sociedade incapacitados e isolados é moralmente repulsiva. Uma sociedade moderna sem alguma forma efetiva de estado de bem-estar é totalmente inaceitável.

Há também o caráter volumoso e complexo do fornecimento de serviços, e do controle dos efeitos ambientais de um moderno estilo de produção e consumo. Nas sociedades modernas, mais ou menos a metade da renda nacional passa pelas mãos das autoridades políticas. É inevitável que seja assim, mesmo que os gastos com a defesa possam declinar. A infra-estrutura é grande e pesada, e só pode ser formada e mantida pela coletividade.

Mas o fato de que muito da demanda econômica esteja inevitavelmente sob o controle de organizações políticas de um ou outro tipo é que não estamos tratando com uma autêntica situação de mercado neutra, na qual a demanda é determinada pela interação dos gostos individuais e o ambiente natural. O empreendedor moderno é o intermediário entre um ambiente politicamente controlado e a sociedade, mais do que entre a natureza e a sociedade. Formalmente, as sociedades modernas tentam legislar contra a "intermediação", o uso econômico da informação relativa à criação ou determinação política de um ambiente que cessou de ser natural, e tornou-se social, politicamente criado. Mas na verdade, ele é da mesma essência de uma economia moderna, que é baseada na intermediação. Não há outro tipo. Simplesmente não há um "terceiro" com quem fazer negócio. Quando os métodos de produção precisam ajustar-se a uma efetividade opcional, e não à natureza, mas a um ambiente manipulado, socialmente criado e politicamente variável, a informação sobre esse meio político crucial e o contato com ele é o que faz a diferença entre o sucesso e o fracasso. O vigia noturno que controla mais do que a metade do ambiente não pode ser um servidor neutro. As modernas corporações disputam os funcionários civis e os políticos que optam pela aposentadoria precoce, não porque estejam impressionadas com a sua bagagem intelectual — isso não ocorre —, mas porque o conhecimento que essas pessoas têm do funcionamento interior da máquina do Estado, de sua habilidade para saber quem exatamente procurar para atingir determinado fim, é inestimável.

O peso e a irreversibilidade das decisões mais importantes, o enorme tamanho da infra-estrutura socialmente mantida, a inevitabilidade das negociações internas e a importância da informação interna, tudo isso faz com que o modelo "mercado-puro-com-Estado-minimalista" tenha pouca relação com o que acontece na realidade ou com o que é remotamente possível ou desejável. As economias modernas mais eficientes são aquelas que praticam uma cooperação Estado-economia tolerante, trabalhando na base de redes e pressões informais, sem privar as unidades produtivas de sua autonomia e liberdade de movimento, mas reconhecendo francamente a significação do Estado como criador de condições, e a inevitável natureza política das decisões econômicas mais importantes.

11

Pluralismo Ideológico e Duplo-Pensamento Liberal

(ou O fim da ilusão do Iluminismo)

A fórmula mais simples da Sociedade Civil então é: centralização política e coerciva com prestação de contas (*accountability*), rotatividade e baixa remuneração dos que operam o aparelho político e pluralismo econômico. A manutenção da ordem não é delegada a subunidades, mas concentrada nas mãos de um organismo ou conjunto coordenado de organismos. O pluralismo econômico, todavia (imposto tanto pela realidade quanto pela antecipação do crescimento), estabelece limites para o centralismo político, obrigando-o a permanecer dentro do seu papel prescrito e restrito. E o que ocorre com a terceira esfera da atividade humana, a ideologia? Deve ela assemelhar-se à esfera política na sua centralização, ou à esfera econômica no seu pluralismo?

A melhor maneira de abordar esse ponto é talvez através de uma discussão da grande ilusão, ou desilusão, do Iluminismo. O movimento das Luzes queria descrever, e acima de tudo denunciar, a sociedade que rejeitava, e que, como se esperava, desaparecia para sempre — uma sociedade baseada na tirania e na superstição. O governo dos reis e dos sacerdotes devia ceder lugar ao governo da Razão e da Natureza. Se a falsidade avalizara, legitimara e assumira a opressão e a exploração, uma verdade luminosa não produziria uma nova ordem social, livre e feliz? Parecia uma esperança plausível e os *philosophes* se dedicaram à sua propagação.

A realidade parece não ser tão simples. A implementação da Razão levou primeiro ao Terror e depois à ditadura napoleônica. O que deu errado? O século XIX refletiu sobre essa questão, e a resposta mais aceita e influente foi: Ah, nos esquecemos das leis da história e da sociedade...

Essa era a lição que o marxismo dizia ter aprendido. Possuía uma teoria plausível sobre a evolução daquele material social, e das condições que o tornariam pronto e receptivo para a formação de uma ordem social livre e racional. Assim, essa versão melhorada das Luzes, sociologicamente mais sofisticada, digamos o programa Luzes II, também foi aplicado, primeiramente com terrível fé e confiança, e também com espalhafato: da mesma forma, levou a uma tirania incomparavelmente pior e ocasionalmente à ineficiência e à penúria muito maiores do que qualquer mal que tenha sido causado pela primeira versão, pela ingenuidade do Iluminismo original. Depois de setenta anos, a experiência falhou de modo humilhante, jamais visto na história. As tiranias e as superstições passadas tinham seus seguidores leais e crentes sinceros; mas quando o comunismo se desintegrou, inicialmente ninguém se levantou em sua defesa. Seus partidários se voltaram para o oportunismo econômico ou para o chauvinismo, e podem ter lamentado a sua estabilidade perdida, mas quanto à sua fé, eles a deixaram, sem maiores conflitos internos. Nunca uma fé total foi abandonada com tamanha facilidade.

A realidade da questão parece ser que, enquanto uma ordem tradicional tirânica podia realmente basear-se na convicção, que ao mesmo tempo era forte e errônea, uma ordem livre se baseia, afinal, não na verdadeira e firme convicção, mas na dúvida, na concessão e no duplo-pensamento. Há várias razões para isso. Primeiramente, ou as leis do desenvolvimento social não estão ali para serem achadas, ou, de qualquer forma, ninguém as achou. Em segundo lugar, o tipo superior de verdade disponível na ciência é ao mesmo tempo instável e amplamente desprovido de qualquer implicação social clara. Suas ligações com o mundo da vida cotidiana, o "mundo da vida", o *Lebenswelt*, são frouxas. O *Lebenswelt* precisa agora de um nome, exatamente porque não esgota mais o mundo, não é mais *o mundo*, e não mais pode ser tomado como ponto pacífico. É uma concessão temporária. Como Lewis Wolpert indicou corretamente, se algo é parte do "senso comum", isto é, construído a partir de premissas da vida cotidiana, quase certamente é falso.

O mundo no qual os homens pensam seriamente e ao qual o pensamento sério remete não é mais idêntico ao mundo no qual se vive a vida cotidiana. A instabilidade, a contestabilidade e muitas vezes a incompreensibilidade do tipo de cognição sério, respeitável, e conseqüentemente dos seus objetos, fazem com que essa cognição e esses objetos sejam inadequados como fundamento de uma ordem social estável e confiável, ou para constituir a atmosfera da vida. Os mecanismos que subjazem a esse crescimento cognitivo tecnológico-econômico, do qual a sociedade moderna depende para sua legitimidade, exige o pluralismo entre os exploradores cognitivos assim como entre os produtores, e é conseqüentemente incompatível com qualquer imposição de um consenso social. A tentativa de impô-lo, em sociedade marxistas, mostrou-se catastrófica, e colaborou para a sua desintegração.

Mas os velhos imperativos da vida social ainda se aplicam: os homens ainda devem viver no mesmo mundo e compartilhar os mesmos conceitos, ao menos até certo ponto, e a sociedade ainda deve ter seus rituais ou, pelo menos, alguns deles, E então? A resposta é que o mundo conceitual comum mantido pelo ritual compartilhado ainda existe, mas sua autoridade diminuiu muito. A presença aos rituais é opcional, a experimentação dos conceitos é tolerada. O mundo compartilhado não podia mais ser tomado com tamanha seriedade. Ele é provisório, suficientemente bom como uma leitura rápida do dia-a-dia, mas é suspenso quando situações sérias são encaradas. Também isso é da essência da Sociedade civil. A vida cotidiana é sacralizada, na melhor das hipóteses, com um espírito irônico.

George Orwell inventou o termo "duplo-pensamento", uma espécie de paródia do termo "dialética", para designar a maneira pela qual os membros da nova tirania religiosa combinavam a enfática adesão ao dogma, não só externa, mas também internamente, enquanto sabiam muito bem, em outro nível, que tudo o que afirmavam era bobagem. Ele expressava assim a condição mental típica e inevitável da nova ideocracia.

Mas na verdade o duplo-pensamento também caracteriza o novo liberalismo. Ele nasceu da convicção diminuída, de uma *Umma* malsucedida, de uma negociação entre os crentes e os oportunistas, da rotinização dos crentes. Segundo Tocqueville, o funcionamento da nova democracia na América dependia da sólida fé desses individualistas. E todavia, a firme institucionalização da Sociedade Civil estava igualmente baseada na rotinização dessa fé, na sua coexistência pacífica com a admissão, de um nível superior, de que a verdade não era monopólio de ninguém. A cooperação social, a lealdade e a solidariedade não pressupõem agora uma fé compartilhada. De fato, elas podem pressupor a ausência de uma convicção inteiramente compartilhada, séria e inequivocamente defendida. Elas podem exigir uma dúvida compartilhada. A objetividade interna coexiste com o reconhecimento da legitimidade ou até da obrigação de uma dúvida básica. A autoridade interna é mais efetiva do que a externa, mas leva a uma soberania básica da busca individual, e por isso também ao ceticismo. Se a consciência cartesiana é a derradeira corte de apelo, ela está livre para chegar à conclusão de que a prova disponível não garante uma decisão firme.

12

O Homem Modular

Há empresas que produzem, anunciam e vendem móveis modulares. A característica dessa mobília é que ela vem em pedaços que podem se aglutinar: você compra um pedaço que funcionará sozinho, mas quando a necessidade, a sua renda ou o seu espaço aumentam, você pode comprar outro pedaço. Ele se encaixará com o adquirido anteriormente, e o conjunto terá coerência, estética e tecnicamente. Você pode combinar e recombinar os pedaços à vontade.

Isso faz com que a mobília modular seja muito diferente da comum: no tipo tradicional, se você deseja coerência, tem que comprar tudo de uma só vez, o que significa que você tem que assumir um compromisso irrevogável, ou pelo menos um compromisso que será bastante caro revogar. Se você acrescenta um novo pedaço de mobília modular à mobília do tipo tradicional, você pode acabar tendo uma "salada" incoerente. A coerência talvez seja possível, mas só é atingida com dificuldade, exigindo cuidadosa e árdua procura de novos elementos estilisticamente compatíveis. Ou você se resigna à confusão, ou joga tudo fora e começa de novo, o que custa caro.

Em parte, a idéia de Sociedade Civil está sendo pesquisada através dos contrastes que ela apresenta com suas alternativas disponíveis. O ponto principal é que não apenas um, mas vários contrastes principais estão envolvidos. Não há apenas a oposição entre a Sociedade Civil liberal e uma *Umma* ideológica e severa (seja a tristemente fracassada *Umma* secular do marxismo, seja a estranhamente bem-sucedida *Umma* do islã), mas também o contraste entre a Sociedade Civil e a sociedade de Fustel, comunal e baseada no ritual, mais do que soteriológica e baseada na doutrina. O que a autêntica Sociedade Civil realmente exige não é a mobília modular, mas o homem modular.

O ponto principal da sociologia durkheimiana, e talvez da tradição organicista ou comunalista no pensamento social em geral, é que em muitos contextos o homem é acentuadamente não-modular. Ele pertence a uma cultura dada, e internalizou seus valores e certezas; é como um móvel fortemente marcado por determinado estilo. É impossível misturá-lo com homens de um molde cultural diferente. Não pode ser colado facilmente, à vontade, a um organismo social. Alguns teóricos do Contrato Social supuseram o oposto e quase imaginaram que uma sociedade poderia ser estabelecida tão facilmente quanto o homem moderno pode adquirir uma máquina de lavar roupa através de compra ou aluguel. Um contrato pode ser facilmente concluído quando é vantajoso para ambas as partes. Nessa perspectiva culturalmente etnocêntrica, os homens são indivíduos que perseguem objetivos, que avaliam o ambiente que os cerca em função da satisfação desses objetivos. Assim, estabelecem instituições sociais como instrumentos para conseguir tudo isso. A cooperação é vantajosa, embora haja o problema de garantir a sua oferta: logicamente, a melhor estratégia é receber a cooperação, mas abster-se de cumprir o contrato. Essas assimetrias devem ser impedidas. Há um problema aqui: não adianta recorrer à moral para explicar e justificar a própria moral... Assim, o problema das teorias do Contrato Social não era apenas que sua posição era logicamente circular, como é evidente — se os contratos levassem os homens a uma conduta socialmente responsável, seria necessário um metacontrato para validar o primeiro, e assim por diante, indefinidamente —, mas, acima de tudo, elas eram ilegitimamente generalizantes, partindo de um tipo de homem *específico*, que aceita contratos, que cumpre suas promessas e compromissos seriamente, para o homem em geral.

Em certo sentido, o problema não se apresenta, pelo menos no começo. O homem em geral não é modular; seus atos e afirmações isolados, individuais, não devem ser tomados muito seriamente nem se deve confiar muito neles. Seu único compromisso real é com um tipo de totalidade interdependente e ritualmente orquestrada. Para que se possa confiar em suas promessas, estas têm de ser feitas com trombetas e tambores, testemunhas e apresentações, música e dança, e de preferência com um sacrifício. Sua palavra é o seu compromisso só quando corre sangue enquanto essa palavra é dada; e mesmo assim é melhor ter cuidado. Os membros das sociedades segmentárias são traiçoeiros. Organizando a solenidade, preferivelmente com um sacrifício, ligando o ato com toda espécie de outros relacionamentos sociais, e fundindo-o simbolicamente com toda uma rede de ocasiões solenes, pode-se ter alguma certeza de que o compromisso será levado a sério — com um pouco de sorte.

Como a Sociedade Civil pode realmente ser possível? — para fazer a pergunta de forma kantiana. Pode-se explicitá-la: como é possível ter atomização, individualismo, sem uma emasculação política do homem atomizado (como no mundo de Ibn Khaldun), e ter associações que contrabalancem o Estado e que não sejam sufocantes (como no mundo de Fustel de Coulanges)? Milagrosamente, a Sociedade Civil alcança todos esses objetivos e se define por esse sucesso. A modularidade do homem é uma maneira esclarecedora de referir-se a essa condição.

A não-modularidade afasta a possibilidade de escolher técnicas simplesmente em termos de critérios de eficiência claramente definidos, e de nenhum outro fator. Ao invés disso, ela impõe a necessidade de julgar práticas, se é que estas devem ser sujeitas a uma crítica, em termos das considerações múltiplas, imponderáveis e complexas da sua participação em uma totalidade cultural indivisível, "orgânica". Naturalmente, é isso que leva os românticos a admirar tudo o que é indiferenciadamente multifacetado e a desprezar a relação custo/benefício, com seus critérios de eficiência especializados, distintos e isolados. O homem sonhado pelos românticos vive fora dos valores de uma cultura, o homem comandado pelos utilitaristas preocupa-se com a relação custo/benefício da vida.

As conseqüências políticas da modularidade é que são realmente importantes. O homem modular é capaz de combinar-se com associações e instituições efetivas, sem que estas sejam totais, com múltiplas ligações, apoiadas pelo ritual e tornadas estáveis pela conexão com todo um conjunto interior de relações, todas unidas umas às outras e assim imobilizadas. Ele pode combinar-se com associações limitadas para um propósito específico, *ad hoc*, sem comprometer-se através de algum ritual cruento. Pode deixar uma associação quando discorda de sua orientação, sem ficar sujeito à acusação de traição. Uma sociedade de mercado opera não só com preços mutáveis, mas também com filiações e opiniões mutáveis: não há um preço justo nem uma justa categorização dos homens; tudo pode e deve mudar, sem, de forma alguma, violar a ordem moral. A ordem moral não se comprometeu nem com um conjunto de papéis e relações atribuídos nem com um conjunto de práticas. O mesmo acontece com o conhecimento: a convicção pode mudar, sem nenhum estigma de apostasia. E assim mesmo esses laços ou ligações altamente específicos, profanos, instrumentais, revogáveis, são efetivos! As associações do homem modular podem ser efetivas sem ser rígidas!

É *isso* que faz a Sociedade Civil: a formação de ligações que são efetivas mesmo quando são flexíveis, específicas, instrumentais. Ela realmente depende de um movimento do Status para o Contrato: isso significa que os homens honram os contratos, mesmo quando não estão ligados a um status ritualizado ou à filiação a um grupo. A sociedade ainda é uma estrutura, não é atomizada, impotente e dominada, e assim mesmo a estrutura é prontamente ajustável e responde aos critérios racionais de aperfeiçoamento. A modularidade do homem é a principal resposta à pergunta: Como pode haver instituições ou associações que contrabalancem o Estado e que não sejam sufocantes?

A origem do homem modular constitui um problema interessante. Há várias teorias sobre sua gênese. Freqüentemente, elas invocam a religião. Uma divindade única, ciumenta e monopolística, especialmente uma divindade que decidiu *a priori* o derradeiro destino dos habitantes da sua criação, e assim impedindo ou tornando ociosas quaisquer tentativas de ser aplacada ou propiciada, leva o homem para um terror solitário, no qual tudo o mais desaparece na insignificância. Se o indivíduo que vive no terror da eterna condenação pode encontrar sinais que indiquem a sua própria salvação, e se uma conduta correta, independente de sanção externa ou pressão de grupo, lhe fornece esses sinais, esse indivíduo (que trata, ilogicamente, algo que é um mero *sinal* quanto a um destino já decidido como uma causa que poderia contribuir para que ele acontecesse) procederá de uma maneira confiável, obediente às regras, e jogará de acordo com estas, independentemente de outros interesses ou opressões. Em outras palavras, ele se tornará um homem modular. Há variantes dessa teoria, como as que enfatizam o ideal monástico e sua conseqüente generalização e volta para o mundo, sob o impacto da doutrina protestante. Alguns teóricos recuam ainda mais e afirmam que o individualismo que subjaz à modernidade era inerente a um monoteísmo simétrico, no qual o sagrado lida com espíritos individuais, não com a coletividade.

Não sabemos qual dessas ou que outra teoria está correta, e isso não importa para o nosso propósito: o que nos importa é que o homem modular emergiu e ajudou a produzir a Sociedade Civil. Talvez alguém acrescente uma nuance que impeça uma possível má compreensão: em certo sentido, o membro de uma sociedade segmentária também era modular. Era transplantável e substituível, entre um segmento tribal e outro, embora apenas dentro da mesma cultura. Na verdade, os homens banidos como punição por homicídio ou outra transgressão séria eram bem-vindos e facilmente aceitos em tribos e segmentos rivais. Sua própria inaceitabilidade em seu meio de origem, para o qual não podiam voltar sem risco de vida, os tornava leais, confiáveis e logo muito atraentes para sua nova unidade.

Mas note-se que eles só eram substituíveis porque eram *similares* a todos os outros indivíduos na cultura mais ampla. A idéia durkheimiana de "solidariedade mecânica", baseada na similaridade dos indivíduos e dos subgrupos, menospreza esse ponto. Mas o homem modular moderno não é substituível só porque é tão obstinadamente similar, porque sempre será uma pastor de ovelhas ou um camponês, ou o que quer que constitua a vocação normativa da sua cultura. Pelo contrário, ele é altamente variável, para não dizer volátil, em suas atividades. É modular porque é capaz de executar tarefas altamente diversificadas dentro do mesmo código cultural geral, se necessário lendo os manuais das tarefas específicas, no estilo padrão da cultura em questão.

Essa é a real modularidade, muito diferente da similaridade grosseira dos membros das sociedades segmentárias. Durkheim pode ser acusado de assimilar implicitamente a rígida diversidade de civilizações agrárias complexas e a diversidade móvel da moderna divisão do trabalho: assim, um mercado moderno é assimilado a uma casta ou a um grupo de produtores de milho, ambos sendo chamados de "orgânicos". Mas também se pode lamentar que Louis Dumont pelo menos dê a impressão de que a humanidade se move de uma sociedade tradicional, que é ao mesmo tempo holística e hierárquica, para o moderno individualismo e igualitarismo. Mas o homem segmentário, que não recebe atenção adequada nesse esquema, era holístico e igualitário; seu sucessor nas civilizações complexas mas estéticas era de fato holístico e hierárquico. Apenas o homem moderno modular é ao mesmo tempo individualista e igualitário, embora seja capaz de efetiva coesão contra o Estado e de executar uma espantosa diversidade de tarefas. É sua emergência ou sua reprodução que é o problema crucial da Sociedade Civil.

13

O Homem Modular É um Nacionalista

A modularidade do homem moderno foi provavelmente um pré-requisito do milagre industrial, e é certamente — virtualmente, por definição — um pré-requisito da Sociedade Civil. A Sociedade Civil é um grupo de instituições e associações suficientemente fortes para impedir a tirania, nas quais, entretanto, se entra e das quais se sai livremente, e não por imposição do nascimento ou de um ritual impressionante. Pode se, por exemplo, aderir ao Partido Trabalhista sem ter que matar uma ovelha — na verdade dificilmente seria permitido que se fizesse isso — e sair sem correr o risco de ser condenado à morte por apostasia. Quando os partidos políticos modernos se estabeleceram no recém-independente Marrocos em 1956, as tribos das montanhas aderiram a eles no velho estilo, como estavam habituadas a fazer nos movimentos religiosos: fizeram-no como coletividades, com um juramento e um sacrifício. Um clã, não um indivíduo, se filiaria ao Partido Socialista, e um touro pereceria nesse processo. Era a curiosa confluência de dois códigos sociais distintos. A comunidade carismática que penaliza a apostasia com a morte é uma outra questão, e não pode conviver facilmente com a Sociedade Civil. A verdadeira *Umma* foi e é completamente diferente em suas intuições morais, como o público ocidental ficou sabendo, para seu horror, através do caso Rushdie.

Mas a modularidade tem um preço, ou de qualquer forma um corolário, que por sua vez pode causar problemas. Até agora, focalizamos certas qualidades morais e intelectuais que são pressupostas pela modularidade: o que se exige é que o homem seja capaz de empreender, honrar e internalizar profundamente compromissos e obrigações, através de um simples e sóbrio ato. Ele honrará suas dívidas e obrigações sem rituais prolongados e amedrontadores, sem envolver a honra de toda a sua família, e assim por diante. Não é que a sua palavra seja o seu compromisso, mas a sua palavra é a sua palavra, mesmo quando pronunciada em voz baixa, sem ênfase, em circunstâncias comuns, sem uma elevação artificial da atmosfera. Certa vez, um funcionário de uma companhia de seguros se orgulhou de honrar uma anotação que fizera descuidadamente à mesa do jantar — o que ele estava mostrando é que todas as suas expressões eram confiáveis.

Ele também deve ser capaz de um pensamento lúcido, cartesiano, que separa resultados, mais do que os agrupa, e toma-os um a um: a não-confluência de resultados, a sua separação das correntes sociais, que torna a sociedade não-rígida, pressupõe não só uma disposição moral, mas também uma capacidade intelectual. Pressupõe essa capacidade de segregar todos os resultados separáveis e tomá-los um a um, como Descartes enfatizou tanto em sua formulação das regras do comportamento intelectual para o homem modular (embora, naturalmente, não usasse essa expressão). Pressupõe realmente essas habilidades. O pensamento claro não é um direito de nascença, mas uma realização; e de certa forma tem que ser ensinado e seus princípios internalizados: é como um gosto adquirido, e sua aquisição tem que ser estimulada. Mas também se paga um preço para isolar uma atividade de outra, uma espécie de fragmentação que faz com que cada atividade não seja sustentada pelas outras, seja fria e calculada por sua própria finalidade claramente formulada, e não parte de uma calorosa e integrada cultura "total". Essa "alienação" ou "desencantamento" é um preço que alguns consideram alto demais.

Esse é um dos mais importantes traços gerais de uma sociedade moderna: homogeneidade cultural, capacidade de comunicação livre de contexto, padronização da expressão e da compreensão. Os cidadãos devem ser iguais em cultura, assim como em status básico. Isso é pressuposto pela mobilidade, e conseqüentemente pela possibilidade de substituição dos homens, e pela constante comunicação, em uma sociedade de massa anônima, entre indivíduos não familiares entre si. As velhas sociedades segmentárias de vários tipos enfatizavam e fortificavam os limites entre os segmentos através de uma acentuada diferenciação cultural: as pessoas falavam, comiam, vestiam-se etc., de modo diferente, segundo sua precisa situação em uma estrutura social complexa e intrincada. Tinham que falar ou comportar-se como sua posição social exigia, e falar de qualquer outra maneira seria uma presunção agressiva, senão uma violação de prescrições legais ou rituais. Nessas condições, não havia apenas falta de incentivo, mas muitas razões *contra* a definição de unidades políticas em termos de identidade de cultura. Essa idéia, o novo imperativo da homogeneidade cultural, que é a própria essência do nacionalismo, vai contra o sentido da sociedade tradicional, e está geralmente ausente dela. Se por acaso ela exemplifica um grau de correlação entre limites políticos e culturais, isso acontece por acidente, e não devido a alguma espécie de compulsão interna.

Não é assim no novo reino do homem modular. Ele não pode tolerar convenções semânticas ou sintáticas arbitrárias, semiprivadas ou locais, que restringiriam a possibilidade de transmissão de mensagens a apenas alguns receptores, em algumas circunstâncias. O código conceitual deve ser padronizado, não localizado.

De qualquer forma, a padronização do código é imposta a esse tipo de sociedade pela natureza do trabalho no seu interior, que deixa de ser física e se torna predominantemente semântica: o trabalho consiste agora em passar e receber mensagens, principalmente entre indivíduos anônimos em uma sociedade de massas, que não pode, normalmente, conhecer seus interlocutores e suas idiossincrasias. A comunicação ocorre, senão com o homem como tal, de qualquer forma o homem como espécime padrão de uma cultura codificada. A igualdade dos homens diante de Deus é o reflexo ideológico da igualdade dos pontos terminais de uma rede de comunicação. Um estilo religioso protestante, uma relação com a divindade igualitária e individual, é o eco teológico da modularidade social, assim como o uso difundido de mediadores territorial e funcionalmente localizados é o corolário de uma ordem social segmentada e rígida. O parceiro na troca de mensagens está situado na outra extremidade de um telefone ou um fax, e sua identidade, em geral, não é conhecida e muito menos familiar. Assim sendo, não é mais tecnicamente viável ou aceitável que a expressão facial do parceiro, a postura de seu corpo, a sua história passada e os seus hábitos, situação na rede de parentesco ou num sistema de status façam parte da determinação de significado da mensagem, como um tipo de fonema adicional, localizado mas não menos essencial. Fonemas privados e idiossincráticos estão descartados. Essa construção do significado tem que decorrer exclusivamente de um conjunto codificado de símbolos não contextuais e compartilhados por todos.

Nas velhas comunidades camponesas, íntimas e fechadas, nas quais todos os falantes e ouvintes estavam profundamente familiarizados uns com os outros, esse fonemas localizados, pessoais, privados, não eram apenas tolerados mas quase que exclusivamente os únicos tolerados. Embora a linguagem possa ser, em princípio, como afirma Chomsky, o uso de meios finitos para objetivos infinitos, na prática real grande parte da humanidade usa meios finitos, para não dizer extremamente limitados, para objetivos finitos. O uso infinito de meios finitos é mantido em reserva, ficando sua maior parte com um depósito subexplorado do potencial humano. É um mistério que esse reservatório possa ficar disponível, pronto para o uso apesar de raramente usado, mas é um fato.

A modularidade, com seus pré-requisitos morais e intelectuais, torna possível a Sociedade Civil, a ausência de segmentos não sufocantes, opcionais mas efetivos; não só contribui para uma sociedade civil, mas também para uma sociedade nacionalista. Nessas circunstâncias, pela primeira vez na história do mundo, uma Cultura Alta, nesse sentido, se torna a cultura generalizada e operacional de uma sociedade inteira, mais do que um privilégio e um rótulo de um estrato social restrito. Ela deve definir os limites de uma sociedade, cultural e politicamente, pois o enorme e custoso aparelho educacional que torna tudo isso possível também precisa de um protetor político, mantenedor e controlador de qualidade. O Estado não tem apenas o monopólio da violência legítima, mas também deve proporcionar a qualificação educacional. Assim, acontece o casamento do Estado com a cultura e entramos na Idade do Nacionalismo.

Tudo isso também significa, naturalmente, que os limites territoriais ou sociais do uso de qualquer Cultura Alta desse tipo ao mesmo tempo define os limites da possibilidade de substituição, os possíveis desenvolvimentos e inserção social, de qualquer indivíduo modular dado, que tenha recebido seu treinamento nessa cultura específica. Para o homem comum, os limites da sua cultura são, senão exatamente os limites do mundo, pelo menos os limites de sua utilidade, de sua aceitabilidade social, de sua dignidade e de sua efetiva participação e cidadania. Eles definem os limites do uso de suas intuições conceituais, o acesso às regras do jogo, e da inteligibilidade do mundo social; além desses limites, esse homem se torna canhestro, inepto, sujeito à ironia e ao desprezo, e seriamente prejudicado em qualquer empreendimento. Assim, sua cultura, adquirida através da educação, é, de longe, sua mais importante propriedade e investimento, pois só ela lhe dá acesso a tudo o mais; e a existência de uma segura unidade política, preferivelmente extensiva, identificada com essa cultura e comprometida com sua imposição e proteção, é sua preocupação política mais urgente e poderosa. Sua identidade mais profunda não é determinada por sua conta bancária, seu parentesco ou seu status, mas por sua cultura letrada. Ele não é nacionalista por causa do atavismo (exatamente o contrário), mas por causa de um pensamento perfeitamente saudável, embora raramente lúcido, e da consciente apreciação de seus próprios e verdadeiros interesses. Ele precisa de uma *Gesellschaft* politicamente protegida, mesmo que fale dela na língua de uma *Gemeinschaft* espontaneamente gerada. A retórica do nacionalismo está inversamente relacionada com sua realidade social: ela fala de *Gemeinschaft*, e está enraizada em uma *Gesellschaft* semântica e muitas vezes foneticamente padronizada.

No início das transformações sociais que acarretaram o novo estado de coisas, o mundo estava cheio de unidades políticas de todos os tamanhos, às vezes sobrepondo-se de nuances culturais, e conseqüentemente de homens cuja própria cultura não convergia com a cultura usada pelos governantes da unidade política soberana na qual habitavam — mesmo admitindo-se que essa soberania estivesse claramente definida, o que raramente acontecia. Sob o novo regime social, isso se tornou cada vez mais desconfortável. Havia então duas opções para diminuir esse desconforto: esses homens poderiam mudar sua própria cultura ou poderiam mudar a natureza da unidade política, mudando seus limites ou mudando sua identificação cultural. Geralmente, eles adotaram uma ou outra dessas estratégias, às vezes ambas, sucessiva ou simultaneamente. O resultado aparente de tudo isso foi a difusão da assimilação cultural centralizadora e a turbulência nacionalista dos séculos XIX e XX.

14

Amigo ou Inimigo?

As mesmas forças, ou, pelo menos, forças em grande parte sobrepostas, produziram tanto a modularidade humana, ou o individualismo, quanto o nacionalismo. (Também são responsáveis pelo impressionante igualitarismo da sociedade moderna, que inverteu a longa e aparentemente irreversível tendência das sociedades complexas para a diferenciação social crescente e para a hierarquia acentuada e formalizada.) A modularidade é o pré-requisito da Sociedade Civil, e, de acordo com a teoria sociológica mais famosa e mais influente, ela é, por sua vez, o fruto do protestantismo. As velhas ordens religiosas eram, de certo modo, muito mais confortáveis, oferecendo a possibilidade de comprar ou reconquistar as boas graças, mas a severidade da nova ordem estimulava os homens a se tornarem individualistas modulares. Pela lógica, a predestinação poderia levar, como James Hogg declarava em *The Confessions of a Justified Sinner*, a uma anomia indulgente e totalmente permissiva.[1] Se tudo já está determinado, por que não pecar à vontade, se já se tem a garantia crucial e íntima da salvação? Mas, logicamente ou não, muitos protestantes não seguiram esse caminho. Tomaram o caminho da prudência consciensiosa, do autocontrole, e assim auxiliaram ou tornaram possível a transição da sociedade coercitiva para a sociedade produtiva...

Se a Sociedade Civil e o nacionalismo são o produto das mesmas forças, essa afinidade os tornaria aliados ou inimigos políticos?

No início, eles tenderam a aliar-se. Primeiro, o nacionalismo primitivo estava inclinado a ser bastante modesto e tímido: era assim a defesa feita por Herder dos encantos das culturas populares, contra o arrogante imperialismo da corte francesa ou do comercialismo britânico, ou do universalismo incruento das Luzes. O retorno inicial ao totem, ou melhor, ao gramado da aldeia, era quase humilde. Depois, a antropologia filosófica do nacionalismo se tornaria mais agressiva, para não dizer feroz e assassina, mas isso ainda não ocorrera.

Mas, acima de tudo, o liberalismo e o nacionalismo incipientes tinham o mesmo inimigo, o Estado absolutista barroco, comprometido com a hierarquia das posições sociais que ele ao mesmo tempo usava e sustentava, indiferente às culturas populares de seus súditos, e de qualquer forma pouco inclinado a conceder-lhes muitas liberdades ou muita participação. Inclinava-se para a centralização e para a ordem burocrática, mas não queria ou ousava tocar nos privilégios. Assim, a exigência de maiores liberdades para o indivíduo, a ratificação dos direitos civis ao homem modular e a exigência por maior igualdade das culturas poderiam ser e eram apresentadas em conjunto, e até vistas como tendo uma afinidade eletiva umas com as outras, como uma busca comum de maior realização humana. Em 1848, o liberalismo e o nacionalismo ainda podiam ser aliados, e até irmãos. Os direitos dos indivíduos e os direitos das culturas podiam dar-se as mãos. O centralismo burocrático ameaçava as culturas locais, mas também não era amigo da liberdade individual. O velho *Landespatriotismus* dos Estados locais até podia ser um aliado do novo nacionalismo étnico, e afinal o substituiria. Por exemplo, na Boêmia, um patriotismo *boêmio* transétnico poderia estar de mãos dadas com reivindicações tchecas de igualdade cultural.

Mas, com o tempo, os caminhos divergiram. O individualismo inerente à condição do homem modular, se levado até sua conclusão lógica, era hostil ao culto da comunidade. Essa posição foi realmente levada até a sua extrema conclusão lógica por aqueles cuja própria situação social e política os impelia para essa direção. As mais finas formulações da visão liberal no século XX vieram de Viena, onde uma burguesia individualista e intelectual, recém-chegada e recém-emancipada, apegava-se, ironicamente, a um regime no qual um antigo absolutismo abrandado, uma vez firmemente ligado à Contra-Reforma, tornou-se então o único refúgio dos universalistas que temiam os novos nacionalismos, fechados e estreitos. Voltou-se para essa forma arcaica de governo, com medo das novas forças centrífugas coletivistas, etnicamente definidas. A dinastia medieval, que se transformara na defensora da Contra-Reforma, tomou essa posição surpreendentemente cedo: já durante a humilhação dos alemães por Napoleão, quando a situação fez com que outros alemães se voltassem para o nacionalismo, os Habsburgos, pressentindo o desastre que o nacionalismo acarretaria para os seus domínios poliétnicos, conservaram-se afastados da nova tendência.

O nacionalismo do tipo étnico tomou uma direção diferente. Separou-se do *Landespatriotismus*, esforço para manter as instituições territoriais não-étnicas das velhas unidades locais. Apesar do fato de que suas verdadeiras raízes sociais estavam na emergência de uma sociedade de massas anônima, destinada a usar uma cultura comum e padronizada, assumiu a pretensão (adotada com toda a sinceridade pelos seus protagonistas e propagandistas) de que estava defendendo e perpetuando uma aldeia, a cultura popular. Tinha que fazer assim: defendendo uma recém-criada Cultura Alta contra o expansionismo da velha cultura, tinha que tomar emprestado os temas à Cultura Popular local. Padronizou-os codificou-os em uma Cultura Alta, mas o fez em nome da defesa da aldeia contra a velha capital. Na verdade, estava criando uma nova e rica cidade capital com sua cultura. Assim, o nacionalismo se voltou contra o liberalismo, até mais do que o liberalismo contra o nacionalismo.

Na Europa central e do leste, o nacionalismo foi forçado a isso em parte pelo fato de que novas Culturas Altas tinham que ser forjadas com base em culturas camponesas. Nem Estados etnicamente definidos nem Culturas Altas locais, prontos para servir às novas unidades políticas nacionais, isto é, culturalmente homogêneas, estavam disponíveis. Em outras palavras, nenhum dos dois parceiros do projetado casamento do Estado com a cultura estava presente: ambos tinham que ser criados. Mas os nacionalistas eram hostis, não apenas a culturas rivais, mas também, e talvez com uma agressividade especial, ao cosmopolitismo incruento, provavelmente, em parte, porque viram nele um aliado do centralismo político e um auxiliar para os velhos impérios transnacionais contra o irredentismo neo-étnico. Odiavam particularmente aqueles que consideravam como principais transmissores desse cosmopolitismo. (Tinham razão: afinal, os liberais se comprometeram com um mercado de bens aberto, em certo sentido os homens e as idéias eram os últimos defensores do centralismo, permanecendo fiéis a ele mesmo quando os velhos partidários absolutistas do *ancien régime* já tinham desistido da luta.) Mas a hostilidade contra a falta de raízes se tornou muito profunda nesse movimento e não pode ser explicada apenas em termos de oportunismo político.

Assim, nos últimos estágios, o impulso em direção a uma Sociedade Civil individualista e o esforço nacionalista tenderam a entrar em colisão. A ambigüidade desse relacionamento era mais visível no império dos Habsburgos, mas esse padrão seria repetido no império czarista-bolchevique, especialmente durante a queda final. Ainda não sabemos como esse drama terminará.

15

Os Fusos Horários da Europa

A maneira pela qual o aspecto nacionalista da humanidade modular manifestou-se na Europa variou de região para região. A grosso modo, e considerando-se certas complicações, a Europa tem quatro fusos horários, assemelhando-se aos mapas globais que se vêem nos aeroportos, que indicam os diferentes horários nas várias faixas do globo verticalmente definidas.

Talvez seja útil, mesmo que contrário à natureza, ir do Oeste para o Leste, já que nessa questão o Oeste é menos problemático que o Leste. O fuso horário mais ocidental é o da costa atlântica da Europa. O traço interessante sobre essa zona é que, desde a Idade Média tardia, senão antes, ela foi ocupada por fortes Estados dinásticos, os quais, de modo muito generalizado, correspondiam a áreas culturais. Se o nacionalismo exige o casamento do Estado e da cultura, então nessa zona o casal já coabitava muito tempo antes que sua união fosse aclamada pelo Destino Manifesto nacionalista. Isso significava que, por ocasião do advento do nacionalismo, quando as unidades políticas tinham que ajustar-se aos limites culturais, não se exigiam modificações muito grandes, a não ser uma espécie de ratificação *ex post*. A história tinha presenteado o nacionalismo com uma ampla região, onde o imperativo nacionalista, pelo menos em grau considerável, já estava previamente satisfeito. Naturalmente, havia alguma turbulência, mesmo dentro dessa zona: até hoje, há violência em Bilbao e Belfast.

Um ajuste maior do mapa político ocorreu, isto é, o estabelecimento da República da Irlanda. Mas, no cômputo geral, o mapa dessa parte da Europa na idade do nacionalismo não parece tão diferente do que fora na época em que a dinastia, a religião e a comunidade local determinavam os limites. Os Estados dinásticos, encontrando-se responsáveis por uma área correlata a uma cultura, tendiam a identificar-se com essa cultura em certa medida, até mesmo antes que o nacionalismo tivesse transformado a cultura no mais poderoso símbolo político. Não havia necessidade de um irredentismo étnico muito difundido quando a nova ordem chegou. As novas culturas não precisavam ser criadas, e a tentativa de reviver uma cultura na Irlanda falhou. As culturas que existiam não precisavam adquirir novos tetos políticos: o teto já estava pronto, esperando por elas. O nacionalismo não se inspirou em culturas camponesas para inventar uma nova cultura letrada: antes, lutou para substituir idiomas camponeses por uma fala urbana ou palaciana já existente. "Camponês", nessa área, é mais um termo inadequado do que o nome do portador idealizado de uma identidade étnica e de uma cultura nacional. Os camponeses tinham que ser transformados em cidadãos que falassem adequadamente, mas nenhuma Cultura Alta nacional tinha que ser forjada com material camponês. Wordsworth pode preferir o povo camponês e seu falar à formalidade clássica, mas a nação de Shakespeare não precisava ser dotada de uma cultura recém-codificada. Se Wordsworth fosse tcheco, digamos, a história teria sido completamente diferente. Mas essas nações mais ocidentais não precisavam de alguém para despertá-las. O esquecimento induzido, e não a lembrança inventada, era o compromisso nacional, como observou Ernest Renan.[1]

A próxima zona a Leste era diferente. Longe de possuir Estados dinásticos já prontos, era uma área de fragmentação política muito excepcional, dotada de efetivas unidades políticas muito menores do que a extensão geográfica das duas Culturas Altas localmente dominantes. A maior metaunidade política da área, o Sacro Império Romano, perdera há muito sua efetiva realidade, e quando do advento do nacionalismo cessara de existir até nominalmente. Mas se a região carecia de unidades políticas preexistentes, prontas para as exigências nacionalistas, estava extremamente bem equipada com Culturas Altas preexistentes, codificadas e normativas. Tanto o italiano como o alemão estavam bem codificados, desde o Renascimento e a Reforma, respectivamente, no mínimo. A noiva cultural já estava pronta e se impacientava no altar; só o noivo político tinha que ser encontrado e suas exigências satisfeitas.

Assim, havia uma real necessidade de construir formas de governo, mas não uma necessidade de construir culturas. Não havia necessidade real de professores, etnógrafos, folcloristas e estimuladores do sentimento nacional que fossem para as aldeias e construíssem uma cultura nacional a partir do caos da variedade dialetal regional, embora os folcloristas estivessem trabalhando para isso. Mas a etnogênese cultural já se instalara antes que o nacionalismo político entrasse em cena. Enquanto na zona mais ocidental tudo o que era preciso fazer era transformar os camponeses, mergulhados no particularismo cultural local, em membros da cultura nacional adequadamente educados, aqui (embora isso também tivesse de ser feito, até certo ponto), o que era mais necessário era uma mudança política. Uma Cultura Alta existente tinha que ser dotada de um teto político digno dela e capaz de abrigá-la. Isso exigiu certa atividade militar e diplomática, mas nada mais. Nos últimos anos do século XIX, a tarefa estava terminada.

A próxima zona a Leste apresentava os maiores problemas, do ponto de vista da implementação do princípio nacionalista de *uma cultura, um Estado.* Aqui havia uma impressionante colcha de retalhos de diversas culturas, que se interpenetravam geograficamente e na estrutura social, com limites políticos, culturais e religiosos desprovidos de qualquer coerência ou observância mútua. Muitas dessas culturas camponesas não tinham, claramente, nenhuma Cultura Alta normativa. Algumas delas nem tinham nome. Muitas vezes careciam de instituições educacionais capazes de gerar, proteger, perpetuar ou disseminar uma Cultura Alta, em um mundo no qual essas culturas tinham que tornar-se extensivas a sociedades inteiras, ao invés de definir uma minoria restrita. Aqui, tanto as culturas quanto as formas de governo tinham que ser criadas. Uma tarefa árdua. O nacionalismo começou com a etnografia, meio descritiva, meio normativa, uma espécie de operação de salvamento e de engenharia cultural combinadas.[2] Se as unidades eventuais tinham que ser compactas e razoavelmente homogêneas, devia-se fazer mais: as pessoas, em número muito grande, tinham de ser assimiladas, expulsas ou mortas. Todos esses métodos eram eventualmente empregados durante a implementação do princípio nacionalista político, e continuam a ser usados.

Finalmente, há a zona do quarto fuso horário, mais ou menos correspondente aos territórios do antigo império czarista. Aqui, o padrão é bastante próximo do da terceira zona — mas só até o fim da Primeira Guerra Mundial. Depois, os dois caminhos divergem. O império czarista, ao contrário de outros que desapareceram para sempre, logo se restabeleceu sob uma administração inteiramente nova, e em nome de uma ideologia absolutamente nova, formalmente secular, embora dotada de todo o zelo e de todo o messianismo de uma religião de salvação. A nova fé foi imposta com convicção e extrema brutalidade, e gerou uma *Umma* secular, uma comunidade carismática que considerou como sua tarefa sobre a terra a implementação de uma retidão absoluta, e que acreditava possuir a única e infalível receita para a realização dessa retidão.

A fé que estava sendo implementada sofrera, sob a liderança e a inspiração de Lenin, uma espécie de Reforma ao contrário: inicialmente, a fé não tinha cláusulas que acarretassem uma estratificação interna dos fiéis. A doutrina marxista original não continha recomendações para a criação de um sacerdócio privilegiado. A todos os homens — e principalmente a todos os oprimidos e despossuídos — garantia-se um acesso simétrico e igual à verdade que salvaria a humanidade e uma relação com essa verdade.

Entretanto, Lenin teve que chegar à conclusão de que a humanidade comum era incapaz de elevar-se à percepção da verdade (isto é, a classe operária, sem ajuda, apenas seria reformista e não revolucionária, e trataria de melhorar sua posição na ordem social existente, ao invés de compreender que seu papel era abrir um caminho inteiramente novo). Assim sendo, uma ordem religiosa especialmente dedicada e altamente disciplinada, capaz de compreender, apreciar e implementar essa grande mensagem, era necessária. Lenin combinou a visão marxista messiânica do papel do proletariado com uma visão mais claramente russa de um dedicado *corps d'élite* revolucionário, corpo que foi forjado por esse Inácio de Loyola do marxismo.

Quando, surpreendentemente, a revolução teve sucesso e, ainda mais surpreendentemente, sobreviveu apesar da ausência de ajuda externa das outras revoluções fraternas, essa ordem herdou naturalmente o governo de todos os russos, e começou a executar a tarefa que assim lhe coubera, da maneira que convinha ao possuidor de uma absoluta e tão suprema Revelação. Como Lenin observou, os ensinamentos de Marx eram todo-poderosos porque eram verdadeiros. A bandeira vermelha com essa citação continuou a reinar no hall de entrada do Instituto de Filosofia da Academia de Ciências da URSS, até grande parte do período da *perestroika*, tempo em que, todavia, era impossível que qualquer cidadão ou intelectual soviético que a visse não esboçasse um sorrido amarelo.

Sob essa liderança dedicada e determinada, a nova *Umma* secular tinha até menos dificuldade em conter o irredentismo nacionalista do que os impérios da antiga Santa Aliança, durante o século que se estendeu de 1815 a 1918. As novas ideocracias e instituições que ela produziu em grande número controlaram todo o território com facilidade, e obrigaram seus habitantes a declarar que suas aspirações nacionalistas estavam satisfeitas. Essa ficção foi mantida até os anos 80, e enganou até comentaristas que demonstraram inteligência em outros assuntos.[3]

Uma complicação de alguma importância que também deve ser mencionada é que, como resultado de sua vitória militar em 1945, a *Umma* socialista empurrou os limites da quarta zona para Oeste, e incorporou grandes áreas que pertenciam à terceira zona, entre 1918 e a Segunda Guerra Mundial. O fuso horário de Moscou, ideológica e politicamente falando, agora estendia-se até o Adriático e o Elba.

Por razões da maior importância, mas que não foram adequadamente elucidadas, e que são discutidas em outra parte deste volume, a primeira ideocracia secular do mundo caiu no fim da década de 80, deixando claro que a fé nesse credo de salvação específico desaparecera quase completamente nas terras nas quais sua implementação fora tentada tão seriamente. Agora, muitos anseiam pela volta à estabilidade e à segurança e por prestígio internacional. *Ninguém* lamenta a fé perdida. A pátria da Revolução se tornou o local de seu mais enfático e humilhante sepultamento. Naturalmente, foi essa queda que liberou o desejo pela Sociedade Civil, que é o nosso principal tema. Da mesma forma, liberou também o nacionalismo.

16

As Variedades da Experiência Nacionalista

Há um sentido no qual a zona do terceiro fuso horário fornece a mais clara ilustração da condição humana normal quando não é distorcida por circunstâncias especiais: a transição dessa condição, na qual a cultura assume o status mas não os limites políticos, para a nova condição na qual faz exatamente o contrário — ignora ou suspende o status, mas sublinha e aguça os limites políticos. Essa metamorfose ou transição da tradição para o nacionalismo se manifesta mais visivelmente nessa zona, onde é menos obscurecida por interferências contingentes — pela presença acidental de Estados dinásticos que por acaso correspondem mais ou menos aos futuros Estados nacionais, ou pela presença fortuita de uma Cultura Alta bem codificada, ou pela Segunda Vinda da Ideocracia com uma roupagem secular. Era a terceira zona que vinha diretamente de uma ordem dinástico-religiosa ruidosamente desafiadora da etnicidade para um furioso nacionalismo. Nesse sentido, as etapas através das quais ela passou podem ser consideradas "normais" — elas exemplificam o que se poderia esperar se nenhum fator adicional incomum estivesse atuando.

Há a primeira etapa, na qual o velho sistema dinástico-religioso ainda persiste, como aconteceu no Congresso de Viena em 1815. A centralização burocrática e a padronização impostas pelos déspotas esclarecidos do século XVIII, sem nenhuma motivação nacionalista, já produzira, entretanto, aquela ligação entre governo e cultura que impele os homens para o nacionalismo. A velha ordem continua, mas a serpente já entrou no Jardim do Éden, embora por enquanto seja tímida e passe relativamente despercebida. Isso não iria durar para sempre.

Há a segunda etapa, de contínuo mas afinal não muito efetivo irredentismo nacionalista, quando o novo princípio da exclusiva legitimidade dos Estados baseados na cultura se faz sentir, embora ainda não possa prevalecer contra a ordem estabelecida, exceto em locais em que a ordem estabelecida está particularmente fraca. Era nessa etapa que a situação se encontrava entre 1820 e 1918. Exceto os Bálcãs, onde a inabitual fraqueza do Império Otomano permitia a criação de cinco ou seis Estados-tampões, mais ou menos nacionais, o nacionalismo não era realmente bem-sucedido na política. Mas era extremamente bem-sucedido na cultura: conquistou o coração dos homens e sua legitimidade era largamente aceita.

A terceira etapa é interessante: poderia ser chamada idade do nacionalismo triunfante que se autoderrota. Durou de 1918 até a dominação da Europa por Hitler e Stalin durante a Segunda Guerra Mundial. Caracterizou-se por um sistema político que consistia em pequenos Estados, aberta e orgulhosamente autodefinidos como nacionais, que sucederam aos impérios poliétnicos, validados pela religião. Esses novos Estados tinham todas as fraquezas dos velhos impérios — eram tão habitados por minorias quanto os velhos impérios, senão mais. Além disso, carregavam toda uma série de fraquezas adicionais próprias. Eram pequenos; na maioria eram novos, não santificados pela idade; muitas vezes eram conduzidos por classes dominantes inexperientes, ambiciosas e imprudentes, ansiosas por atingir seus objetivos enquanto era tempo, sem muita perspectiva de estabilidade ou muita preocupação com isso, ou com a segurança se os ventos mudassem; e entre suas minorias havia membros dos grupos etnolingüísticos outrora dominantes, desabituados à submissão e a um status minoritário, ressentidos com isso e dispondo de apoio externo na sua "pátria" nacional, que os ajudava e estimulava a lutar contra o seu recém-atribuído status subordinado. As conseqüências dessas múltiplas fraquezas logo se tornaram visíveis: o sistema não oferecia virtualmente nenhuma resistência efetiva (exceto no caso da Finlândia), quando os dois grandes ditadores do século concordaram em reparti-lo entre si. O sistema de Estados supostamente nacionais, estabelecido em nome da autodeterminação nacional em 1918 e 1919, caiu como um castelo de cartas.

O tempo em que ele caiu foi também o período de uma guerra total em larga escala nunca vista, durante a qual tanto o fluxo de informações quanto a autoridade de suscetibilidades morais diminuíram acentuadamente. Essa foi a quarta etapa. Um século de esforço nacional ineficaz, seguido por um quarto de século durante o qual os papéis de opressor e oprimido se inverteram parcialmente, deixaram a região como massas fervilhantes de descontentamento étnico.

Além disso, o poder dominante, a Alemanha de Hitler, estava comprometido com uma ideologia meio comunalista, meio biológica, que segregava certas minorias étnicas sem base territorial ou camponesa, e por isso desprovidas das virtuosas qualidades *Voelk*, por considerá-las nocivas e merecedoras do extermínio. A posição intersticial qu[illegible] mais importante dessas minorias detinha fizera desta um objeto de ódio entre as populações "anfitriãs".

O ódio e o descontentamento estavam presentes, assim como as razões ideológicas e também a vontade política, a oportunidade e o aparato organizacional. O sigilo do tempo de guerra tornava as coisas mais fáceis. A conseqüência é conhecida. Os judeus, mas não só eles, foram o objeto de uma maciça, bem organizada e eficiente campanha de extermínio. Outras populações sofreram igualmente, e durante o pós-guerra imediato, embora as informações não fluíssem mais facilmente, a indignação e o desejo de represálias permitiram o uso de métodos — principalmente deslocamento forçado de populações e desconsideração pelos princípios normais de justiça, acompanhados por alguns assassinatos — que, em algumas mas não todas as regiões, resultaram em que o mapa étnico anteriormente complexo fosse levado a uma relação mais estreita com os limites políticos recém-impostos. Pelo menos em alguns lugares, isso satisfez as exigências do nacionalismo, o imperativo de homogeneidade cultural dentro de cada unidade política, muito mais eficientemente do que fora possível fazer em dias de restrição moral. Essa foi a quarta etapa. Poderia ser chamada, para usar um termo que veio à baila durante as guerras civis iugoslavas nos primeiros anos da década de 90, de tempo da limpeza étnica.

Assim foi a quarta etapa. Graças aos crimes de Hitler e Stalin, algumas das áreas do Leste europeu satisfaziam então o imperativo nacionalista. Ao mesmo tempo, quando incluídas na extensa área de dominação da nova ideocracia secular, não importava muito se elas satisfaziam ou não esse imperativo, porque o novo império tinha a vontade e os meios para impor sua autoridade de qualquer forma, tanto em áreas nas quais o assassinato e o deslocamento de populações produziram homogeneidade étnica quanto em áreas nas quais a velha complexidade continuava a prevalecer. A estratégia de assassinatos adotada por Hitler contribuiu para limpar o mapa étnico. O deslocamento forçado de populações que ocorreu sob o comando direto ou indireto de Stalin fez isso algumas vezes (notadamente na Polônia e na Tchecoslováquia), mas no interior da União Soviética isso apenas mudou os padrões de complexidade étnica, mais do que a diminuiu.

A quinta etapa participa igualmente do cumprimento de desejos e da realidade: há sinais de que ela aconteceu em grande parte da Europa ocidental (embora não por toda a parte), e até em algumas áreas do Leste. No industrialismo avançado, a intensidade do sentimento étnico diminui. De qualquer forma, este diminui entre populações não muito distantes entre si, na medida em que se beneficiam das vantagens da afluência industrial. Há pelo menos um elemento de verdade na Tese da Convergência, que sustenta que as culturas industriais acabam assemelhando-se umas à outras. Isso pode não ser verdade se a linha básica inicial for muito diferente — a prosperidade do Atlântico e do leste da Ásia pode ou não ter um acompanhamento cultural similar —, mas parece ser verdade se o ponto de partida tiver o grau de afinidade que pode ser creditado às nações européias. Além disso, no industrialismo avançado, o ciúme intercomunal não é tão alimentado pelo ciúme econômico: a distância entre os afluentes e os extremamente afluentes não é tão provocadora como a distância que se estabeleceu entre a indigência dos que primeiro ingressaram no industrialismo e seus primeiros beneficiários. (A forma aguda de diferença é a que existe entre trabalhadores migrantes e populações hospedeiras, e a esperança de que a hostilidade diminua é, infelizmente, muito pouca.)

Uma certa afinidade cultural — culturas que difiram mais fonética do que semanticamente, que usem palavras diferentes para idéias similares —, somada a um descontentamento econômico diminuído, podem levar a uma atenuação da importância política da etnicidade. Alguma coisa do gênero aconteceu em partes da Europa ocidental e até central, em áreas onde uma guerra relativa a fronteiras nacionais é agora muito menos concebível do que fora no começo do século. Obviamente, não é o caso, por exemplo, da antiga Iugoslávia, mas pode-se esperar que a mesma curva de desenvolvimento venha a se aplicar algum dia. Se isso só puder acontecer *depois* da limpeza étnica é uma questão lamentável.

O ponto interessante sobre o que chamamos quarto fuso horário da Europa — a área em que nem o noivo político nem a noiva cultural estavam disponíveis para o casamento do Estado nacional com a cultura nacional, mas onde a procura por eles foi retardada por setenta ou quarenta anos de ideocracia bolchevique — é que ela compartilhava com o terceiro fuso as primeiras duas etapas, mas isso acabou ficando politicamente congelado. O príncipe Mikhail Sergeevich Gorbachev decidiu acordar a Bela Adormecida, só para ficar seriamente abalado com a sua reação nada bela, imprópria de uma princesa, quando acordada. A hesitação do príncipe Mikhail em comprometer-se integralmente com uma companheira tão difícil fez com que seu rival, o príncipe Boris, tivesse sua chance, que ele agarrou sem hesitação, e se sentisse autorizado a descartar o pretendente mais hesitante. Yeltsin, sem mais cerimônias, aliou-se aos nacionalistas das repúblicas não-russas, para privar Gorbachev de sua base no governo da União, e herdou a Rússia restante. Mas estamos longe de saber se ele conseguirá enternecer suficientemente a perigosa dama para que ele próprio seja poupado.

17

Resumo da Zona mais Oriental

Durante a segunda metade da década de 80, a nova ideocracia secular soteriológica caiu, em parte por causa da oposição interna, mas principalmente por causa de uma falta de convicção e de energia no seu centro. Os líderes, diante de uma contínua derrota, tanto na corrida consumista quanto na armamentista, voltaram-se para a liberalização, com a esperança de um rápido — ou único — remédio, e viram-se incapazes de deter seu curso depois que ela ganhou impulso, ou pelo menos não desejaram, honrosamente, adotar as medidas extremas que teriam sido necessárias para detê-las. Nos dias em que reinava a fé, seus antecessores não teriam hesitado em usá-las, mas a violência em tal escala não parece mais ser um caminho tão facilmente escolhido pelos membros dessa cultura política (para sua grande honra). Seus inimigos gostavam de caracterizá-los como uma seita de homens que não serviam para nada, exceto a manutenção de um monopólio de poder, e que se dedicavam exclusivamente a isso, Outrora, era realmente assim, mas o tempo e a experiência os dotaram de uma nova e fatal severidade moral. Sempre temi e previ que, quando fossem finalmente derrotados e humilhados na corrida internacional, principalmente na econômica, eles recairiam no isolamento e na chantagem: se você não nos pagar o *Danegeld*, cometeremos suicídio coletivo e o levaremos conosco, ou de qualquer forma, faremos uma política que só lhe deixará escolha entre o suicídio e a submissão no mínimo parcial. Não escolheram essa estratégia (pelo menos por enquanto), que não teria desgostado aos seus antecessores políticos, e devemos ser-lhes profundamente gratos por esses escrúpulos morais recém-adquiridos e esperar que estes se tornem um hábito.

O sistema autoritário caiu, não totalmente, mas o suficiente para revelar o anseio pela Sociedade Civil e as poderosas paixões étnicas. É a interação e a relativa força dessas duas forças recém-liberadas que nos interessam. Atualmente, sua interação constitui grande parte do drama político Leste europeu, e o resultado está longe de ser claro. Mas já é possível fazer certo número de observações.

O aspecto econômico e o aspecto político da Sociedade Civil são difíceis de se tornarem realidade. Os partidos políticos iniciais tendem a ser clubes efêmeros de intelectuais, sem raízes efetivas. É bastante fácil estimular certos tipos de empreendimentos, notadamente o tipo de pequenas empresas que já tende a existir de forma semilegal por toda a parte, exceto nas ditaduras mais repressoras e totais. Um pequeno restaurante exige pouco espaço, uma dose modesta de talento empresarial e imaginação — não muito mais do que certo gosto e cuidados gastronômicos e visuais. Mas um autêntico mercado aberto, oposto a meras redes, precisa de uma classe empresarial e de instituições — e isso não parece ser fácil de instalar. O mesmo ocorre com as instituições políticas.

Por outro lado, associações etnicamente baseadas e definidas parecem ser capazes de operar uma quase imediata formação e uma cristalização tão rápida quanto firme. Uma sólida organização com ramos locais, símbolos e sentimentos compartilhados, liderança reconhecida e respeitada — parece que é possível criar tudo isso em uma fundação nacionalista com incrível rapidez e eficiência. Isso pode ser lamentável: poder-se-ia desejar que os outros aspectos do homem modular, que não fossem sua apaixonada ansiedade por identificar-se com sua categoria cultural distintiva, e por assegurar-se de que seu ambiente institucional converge com sua própria cultura, fossem tão rápidos de obter. Na verdade, eles não o são. Podemos gostar disso ou não, mas temos que reconhecer o fato. Infelizmente, a Bela Adormecida da etnicidade pode ser acordada com o mais gentil e terno dos beijos. Seu sono agora é muito leve. A Bela Adormecida da Sociedade Civil pode ser muito mais profunda e genuinamente desejável, pelo menos para os que têm o nosso gosto, mas para acordá-la realmente é uma trabalheira.

Vamos repetir a pergunta: o nacionalismo e o liberalismo são aliados? No início, com certeza: encarados com uma autoridade que combina dogmatismo com centralismo, os que anseiam pelo pensamento livre e os que anseiam por autonomia para seu próprio totem cultural naturalmente formarão uma aliança contra o centro. Mas, e depois...?

Dada a velocidade com que a etnicidade pode ser mobilizada, e a lentidão com que qualquer outra coisa pode ser instalada, é provavelmente uma boa coisa usar bases étnicas como fortalezas contra a reação centralista. De fato, essa foi a estratégia de Boris Yeltsin em seu confronto com Gorbachev. Alguns de nós duvidamos da sabedoria de um estímulo tão indiscriminado aos particularismos étnicos, que envolvia de qualquer forma um enfraquecimento do centro; mas quando, em agosto de 1991, tanto Yeltsin quanto Gorbachev tiveram que ser salvos de uma potencial reação violenta dos centristas, foi a habilidade de Yeltsin em apoiar-se nessa base que salvou a situação. Similarmente, no fim do ano, ele pôde usar a mesma força para destruir a base institucional da posição de Gorbachev e vencê-lo. O preço que o nacionalismo exigirá por tudo isso ainda não se conhece.

Pode-se resumir toda a questão da seguinte maneira: a modularidade do homem, tão intimamente ligada com uma sociedade industrial orientada para o crescimento, tem dois aspectos, dois principais corolários sociais: ela faz com que sejam *possíveis* a Sociedade Civil, a existência de associações políticas plurais e instituições econômicas que contrabalancem o Estado e que, ao mesmo tempo, não sejam sufocantes; também faz com que seja *obrigatória* a força da identidade étnica, surgindo do fato de que o homem não está mais ligado a um nicho social específico, mas, pelo contrário, profundamente ligado a um pólo culturalmente definido. A primeira potencialidade é uma mera opção, presumivelmente essencial na longa duração, se a sociedade for capaz de competir com seus rivais, mas nem sempre extremamente forte na curta duração; a outra, todavia, constitui um imperativo imediato e poderoso. Isso é um fato, quer gostemos dele ou não.

18

Nota sobre a Atomização

A atomização da sociedade humana tem sido um temor persistente, algumas vezes uma esperança e ocasionalmente ambos ao mesmo tempo. Uma certa tradição via o homem como inicialmente sozinho, com a sociedade reunindo os homens em associações cooperativas apenas artificialmente. Uma visão mais realista tem como ponto de partida uma espécie de elo natural, com uma ordem social mais sofisticada modificando-a, e permitindo que o indivíduo tivesse mais espaço. Alguns dos teóricos da atomização são importantes para a nossa discussão.

Platão foi acusado por seu crítico mais interessante, Popper, de ter saudade da Sociedade Fechada, o que, para Popper, significa claramente sociedade comunal, tribal. Embora aquilo que *A República* considera seja, em escala e em espírito, semelhante até certo ponto à sociedade tribal, na verdade os métodos que Platão recomenda para garantir sua estabilidade e perpetuação são semelhantes aos de uma *Umma*: há uma doutrina absoluta e transcendente, e a liderança cabe ao que se assemelha muito com um clero doutrinário, mais do que tradicional, e centrado no ritual. A virtude constitui o objetivo do Estado, num modelo espartano; e é uma virtude do tipo ascético, abnegado. Na melhor das hipóteses, é um misto curioso de uma comunidade pré-axial e uma *Umma* doutrinária, absolutista, soteriológica.

O que nos interessa é que Platão antecipa sua atomização e desintegração muito próximas do fim do processo de declínio, como seu fim quase terminal, que antecede a abominação final da tirania. É uma conseqüência e um acompanhamento do pluralismo ideológico e do liberalismo, da "democracia", na qual vale tudo e intelectualmente tudo é permitido e praticado. A barreira contra isso é a Razão, considerada como um agente interior imperativo, social, psíquica e logicamente. A fé, a hierarquia e a disciplina são seus suportes adicionais. A Razão de Platão não é de modo algum a dos modernos empiristas, para os quais as teorias são determinadas pelos fatos, o que afinal torna a Razão modesta, tímida e cética em suas afirmações. A sua razão é enfática e final, gerando conclusões únicas, determinadas e imperativas, compartilhando esses traços com a Revelação religiosa; é capaz de produzir uma rica safra de verdades totalmente autenticadas, suficientemente fortes para oferecer uma firme orientação para a vida social.

Ibn Khaldun, no século XIV, chega perto do contexto social que nos interessa. Há uma acentuada similaridade com Platão, embora ele tenha um pouco mais de realismo sociológico. Para ele, a atomização não é tão patológica, mas a conseqüência natural, inevitável e constante da civilização, da vida urbana, de uma economia sofisticada e da divisão do trabalho. A tirania como conseqüência da atomização urbana é a condição natural da vida na cidade. Mas ele leva à submissão ao governo externo à própria cidade, mais do que ao caos. Platão estava realmente interessado e inspirado por uma cidade-estado semicomercial, na qual as instituições e a ausência de centralização da sociedade tribal coexistiam com os efeitos corrosivos do comércio. Ibn Khaldun estava inspirado por um mundo completamente diferente, no qual uma cidade completamente comercializada, interessada na economia, coexistia com o tribalismo não-corrompido, que monopolizava mais ou menos o governo.

Ibn Khaldun concorda inteiramente com Platão ao considerar a urbanização como conseqüência do desejo por algo mais do que um padrão mínimo de subsistência, mas há uma diferença: Platão continua, apresentando uma receita para salvar da degeneração moral aqueles que foram seduzidos pela urbanização, e afirma que essa receita é viável, embora difícil. Ibn Khaldun não tem essas ilusões, e acredita que não há como evitar o preço da urbanização, que é a falta de coesão e de comunidade, e uma espécie de emasculação política total. Não tenta apresentar nenhuma receita para evitar esse destino, e nada sugere que ele tenha pensado que tal coisa pudesse ser encontrada. É muito mais um sociólogo positivo do que um filósofo normativo, e limita-se a descrever o que realmente acontece no mundo, como ele o conhece. Os habitantes urbanos atomizados são incapazes de manter, administrar ou defender uma ação política, mas dispõem de governantes capazes de tudo isso, provenientes daquele reservatório de talentos políticos e militares, isto é, o campo tribal. O pessoal se renova, mas a estrutura não muda.

O interessante é que Ibn Khaldun viu a sociedade urbana e de mercado como intrinsecamente anômica, nos termos de Durkheim, e atomizada. Considerou essa sociedade explorada pelo governo, e não usando o governo como seu agente. A possibilidade de uma Sociedade Civil, de associações no seio da cidade, suficientemente fortes para resistir ao Estado (ou até para obrigá-lo a ser seu servidor), não parece ter-lhe ocorrido. Isso realmente transcende os limites da sua imaginação política, ou as reais opções da sociedade que ele conhecia. O homem modular, capaz de lealdade, coesão, e conseqüentemente de eficiência política, sem por isso estar encerrado em uma comunidade tribal supercoesa, composta de parentes reais ou putativos, é uma possibilidade de que simplesmente ele não cogita. Apesar dos traços "protestantes" do islã, esse desenvolvimento não parece ter ocorrido no mundo muçulmano, e até hoje não está muito em evidência.

Vamos direto a Marx, que é obviamente relevante nesse ponto, embora seja um exemplo complexo, e talvez menos do que coerente nessa questão importante. Os valores e a antropologia filosófica básica de Marx parecem ser uma estranha mistura de comunalismo e anarquismo: para ele, a atomização não é inequivocamente uma coisa má. Naturalmente, é atribuída ao mercado, e, nessa medida, Marx se inseriria na tradição de Platão e Ibn Khaldun, que vêem o mercado como a antítese da genuína sociedade. Para Ibn Khaldun, todavia, foi a selvageria sem governo que produziu o homem político, na forma de membro da tribo. Para Marx, a anarquia social sem ordem do *melting-pot* industrial gera a verdadeira humanidade, e a única classe destinada a liberar a humanidade das correntes que ela se impôs a si mesma. Mas ao mesmo tempo parece que é a atomização do proletariado que o transforma na ferramenta que libertará a humanidade de formas sociais patológicas, o que ao mesmo tempo a priva e a liberta de lealdades particulares. Assim, ele se torna um paradigma da espécie humana, a classe universal e libertadora. A Sociedade Civil espúria privara seu trabalho de sua significação intrínseca e dos laços com uma comunidade moral, tratando-o como um simples bem útil. O mercado é formalmente justo e livre, mas desviado para favorecer alguns. O Estado, do mesmo modo, diz ser o guardião do jogo limpo, mas está ocultamente a serviço dos beneficiários vitoriosos dos procedimentos formalmente iguais mas substancialmente desviados da Sociedade Civil. Diz-se que esse calvário purifica o homem proletário e o torna capaz de restaurar um mundo no qual o trabalho voltará a ter um significado, e não será ligado à coação, nem exigirá proteção.

Na nova ordem a ser estabelecida no futuro pelo proletariado, a harmonia automática (um eco curioso e uma extrapolação ou exagero da harmonia atribuída pelos liberais ao mercado?) se combina com um extremo individualismo, com os homens livres dos constrangimentos de papéis sociais atribuídos e impostos, e capazes de fazer o que quiserem no tempo que quiserem. A atomização e a liberdade total permanecem, mas estão misteriosamente combinadas com a harmonia social e a produtividade, e não geram mais nenhuma necessidade de autoridade como uma barreira contra o caos e a violência. A única imagem concreta em que esse ideal pode se basear é a boemia artística, a tradicional contracultura da burguesia, com seu desprezo ritualizado pela pontualidade burguesa e por sua deferência às obrigações inerentes a cada papel. Por trás de Marx, sente-se a presença de Heine. A única informação concreta que Marx apresenta sobre a vida social da humanidade liberada é uma extrapolação da recusa boêmia quanto à obrigação imposta pelos papéis sociais, relativa às roupas, ao sexo e a outros aspectos. Nenhuma regra deve inibir e limitar a atividade livre, espontânea e polimorfa. Mas é interessante notar que, em Marx, a atomização desempenha um papel, especificando a mecânica do desenvolvimento social e ajudando a definir a condição ideal que, como seu contraste pressuposto, explica a rejeição da ordem existente. O proletariado está atomizado aqui e agora, o que ajuda a criar a situação revolucionária; mas os homens também serão individualistas perfeitos, embora não antagônicos, na sociedade sem classes. A atomização parece ter ao mesmo tempo um aspecto positivo em um aspecto negativo.

Também há, naturalmente, o uso que Durkheim faz do termo *anomia* para apresentar sua versão da noção de atomização social. Provavelmente, ele a pensou como uma condição que permitisse uma gradação, e estivesse presente na sociedade moderna em maior ou menor intensidade.

O interesse dessa noção para o presente contexto é este: na crise que levou à reemergência da idéia de Sociedade Civil como um padrão e um ideal, o medo da atomização foi, desta vez, extremamente realista. Os medos anteriores foram exagerados e pressupunham um contraste utópico. A desintegração da unidade ritual da cidade antiga não levou, como Platão temia, a uma liberdade "democrática" para todos: antes, levou, para o melhor ou para o pior, a uma religião mundial. A submissão política da cidade muçulmana não significava certamente que cidades autônomas ou regimes burgueses não conseguissem emergir no mundo muçulmano, embora a falta de estrutura interna da cidade não fosse tão completa como uma leitura ingênua de Ibn Khaldun poderia sugerir. A versão otomana da sociedade muçulmana não permitia que o elemento produtivo tomasse parte no governo, mas permitia e até obrigava que ele se organizasse em uma associação agrária (ou num conjunto delas) auto-administradas internamente, de modo que essa falta de estrutura não fosse tão completa. Nem o proletariado nem a burguesia do industrialismo capitalista tinham manifestado, na longa duração, essa total qualidade de *melting-pot* que Marx atribuía a um ou a outra, ou a ambos. Mas há um lugar em que algo como uma atomização quase total ocorre; foi no "socialismo real" do mundo comunista, como existia anteriormente à sua dissolução pela *perestroika*. Foi isso, principalmente, que trouxe uma nova vida para a idéia de Sociedade Civil: ela reemergiu, para falar em marxês, como a negação da negação da Sociedade Civil.

Parece que a questão é a seguinte: no mundo moderno, essa atomização é, pela primeira vez, mais viável do que fora no passado, e ao mesmo tempo menos necessária e menos funcional. É viável porque o Estado tradicional, embora tirânico e absolutista em suas pretensões, simplesmente não possuía o equipamento técnico para permear a totalidade da vida social. Apesar do que pudesse ocorrer dentro de seus quartéis ou nos seus campos de escravos, de modo geral o controle efetivo exigia o uso de instituições locais como mediadores, e estas inevitavelmente adquiriam alguma autonomia. Os transportes, as comunicações e a vigilância tecnológica então disponíveis não permitiam que o totalitarismo fosse viável no velho mundo tradicional. A ironia do "socialismo real" era que a fusão socialista das hierarquias produtiva, política e ideológica com o monopólio ideocrático da associação, ajudado pela moderna administração e pelas redes de comunicação, levou realmente, não a um homem social restaurado, mas a algo mais próximo da atomização total do que talvez qualquer outra sociedade anterior tenha conhecido. O controle social funcionava envolvendo deliberadamente quase todos em uma miséria moral e econômica: todos tinham de dar apoio à perseguição dos dissidentes, na proclamação das sagradas verdades, e o sistema econômico estimulava todos a participarem de práticas ilícitas. Já que todos eram culpados e estavam contaminados tanto moral quanto legalmente, a probabilidade de dissenso inspirado pela indignação moral ficava diminuída. O Estado se assegurava de que havia poucos candidatos a atirar a primeira pedra. Só uma tendência furtiva, oportunista e desmoralizante para a criação de redes de assistência mútua permanecia fora do *pays légal*: um fraco e asqueroso *pays réel*, incapaz de inspirar muita afeição ou lealdade profunda. Era isso, junto com o ódio ao *pays légal* totalitário, que dava à idéia de Sociedade Civil uma potente ressonância e uma forte atração.

A atomização quase total tornou-se, assim, tecnicamente viável. A prova disso é uma triste conquista da União Soviética e seus satélites. Uma sociedade que deseja para sim mesma ser uma *Umma* — isto é, ser a implementação de uma única Revelação que define a virtude, uma comunidade carismática que procura implantar a retidão na terra e suprimir a corrupção, e que faz da virtude o objetivo do Estado — pode atomizar e realmente atomiza a si própria, na perseguição a esse objetivo.

O caráter único da revelação e sua absolutização levaram a uma quase total ausência de pluralismo político, e o fato de que o pluralismo econômico foi excluído pelo conteúdo real da doutrina também deu sua contribuição crucial para esse resultado. A conseqüência foi um mundo em que o vencedor levava tudo, largamente carente de prêmios econômicos independentemente atingíveis e com todos os prêmios políticos concentrados em um único jogo, uma luta feroz pelo controle de uma única hierarquia. Só isso levaria, de qualquer forma, à completa falta de escrúpulos no jogo político: seria loucura, nesse sistema, permitir que os perdedores sobrevivessem e tentassem reverter o resultado da batalha anterior. A clara e total qualidade da política era uma conseqüência natural: o mistério é que, durante o seu período final, o sistema se abrandou consideravelmente, e afinal os políticos eliminados encararam a aposentadoria e não o esquadrão de fuzilamento. Mas, significativamente, essa rotinização também levou, praticamente — ao contrário do terror arbitrário —, à completa erosão da fé. As velhas religiões sobrevivem à rotinização e até prosperam com ela. A revelação secular do marxismo parece incapaz disso.

A totalidade das exigências da fé, mais o conteúdo da fé, que exclui o pluralismo econômico, teve conseqüências similares. O status de *Umma* de toda a ordem exigia que esse jogo fosse jogado com uma enorme pretensão à moralidade absoluta: o vencedor não podia ser caracterizado como simplesmente uma alternativa menos má, em circunstâncias difíceis e ambíguas, ou como o beneficiário da oportunidade. Seria melhor tolerá-lo e apoiá-lo, em respeito à continuidade do sistema — como o resultado de uma eleição infeliz pode ser tolerado na Sociedade Civil, mesmo que todos saibam que, devido a alguma falha do sistema eleitoral, o resultado é indesejável e talvez muito mau. Por um estilo muito conhecido de raciocínio circular, a invocação da sempre afirmada superioridade da justiça substantiva ou de classe sobre os processos mais formalistas, o resultado foi apresentado, provisoriamente, como a voz da razão absoluta sobre a terra. Os perdedores tinham de ser pecadores ou heréticos, e Inimigos do Povo. Naturalmente, o resultado pode ser, e muitas vezes é, desmentido posteriormente, quando as "distorções" do sistema são corrigidas. Esse erro, ou um erro similar, é então novamente difundido. Entre outras coisas, isso levou ao hábito um tanto cômico e ridículo de renomear periodicamente cidades, praças, pontes e estações ferroviárias. Pode-se dizer que uma verdadeira Sociedade Civil é aquela que não torna a batizar todas as suas estações e bulevares, nem publica um novo mapa da cidade a cada vez que o governo muda. Ela designa os seus lugares públicos com nomes de pessoas falíveis e não precisa rebatizar esses locais quando os portadores desses nomes são despojados da infalibilidade.

19

O Fim de uma Ordem Moral

Em um importante sentido sociológico, não-valorativo, o sistema bolchevique constituiu uma ordem moral. Ao contrário, e isso é talvez uma de suas maiores virtudes, a Sociedade Civil é uma ordem amoral.

Sob o sistema comunista, a verdade, o poder e a sociedade estavam intimamente fundidos. A autoridade política não era vista como uma conveniência, mas como a realização e o agente de uma visão definitiva e incomensuravelmente profunda da natureza da condição humana e do plano histórico, e o instrumento dessa implementação. Ela era a guardiã da honestidade absoluta, e também a representava. Preparava o caminho para o seu advento. Seu objetivo era a virtude total, não a diminuição da inconveniência. Como conseqüência lógica, opor-se a ela não era apenas praticar uma contravenção, como dirigir na contramão; era uma perversa e grave perturbação da ordem moral. Merecia e recebia uma condenação muito mais enfática. "Para os cães, morte de cão!" — gritavam as manchetes na época dos processos de Moscou.

Como essa posição pôde manter-se? Não é muito difícil. Antes de tudo, é preciso que se possua alguma intuição central que tenha uma plausibilidade intrínseca, um atrativo moral e intelectual. A idéia de que a história exemplifica um plano, de que no seu fim a humanidade será livre tanto da opressão quanto da exploração, de que o controle individual ou seccional e o uso da natureza para fins privados é errado, e que deveríamos todos cooperar para um objetivo comum, de que essa é a organização natural, justa e adequada da sociedade, ao passo que a competição e o uso de recursos para fins privados são socialmente patológicos — tudo isso tem seu atrativo e até alguma plausibilidade. Desde Condorcet e Hegel, a idéia da história como providência tem sido um substituto de Deus muito difundido.

Não é ilógico antecipar que a realização de um objetivo tão nobre será difícil, e que isso provocará ódio, principalmente por parte daqueles cujos próprios interesses os levam a opor-se ao progresso. A existência desses inimigos não é acidental, mas é parte do enredo essencial da história. A existência de Deus acarreta a de Satã. A história não seria um drama com um significado se não houvesse conflitos no seu coração. Mas o fato de que os inimigos são, em certo sentido, necessários ao esquema das coisas, não significa que eles não sejam genuína e profundamente maus. Esses inimigos são capazes de tudo, até do pior, e a luta com eles será terrível. Os inimigos invocarão cinicamente ideais espúrios como liberdade formal, procedimentos honestos, direitos humanos. Mas quando há apenas uma luta básica, entre os partidários da derradeira liberação humana e os seus oponentes, então ser omisso ou permitir-se enfraquecer por uma preocupação com os métodos usados, pelo mais desonesto apelo a princípios formais e jurídicos espúrios — essa seria a última e maior traição! Deixar-se desviar por tão espúria moralidade seria o sinal da fraqueza mais culpada e imperdoável.

Os fatos são geralmente ambíguos. Em circunstâncias normais, um indivíduo só pode tirar a maior parte das suas convicções do seu ambiente social. Homem algum pode executar o programa cartesiano de recriar seu mundo sem causar um prejuízo social que ele não consegue avaliar. Talvez possa individualmente avaliar um fato ou outro; não pode verificar todos. As teorias são determinadas pelos fatos, como os filósofos gostam de dizer; o que geralmente deixam de acrescentar é que a coerção e a pressão social ocupam o espaço. Nada mais pode fazê-lo. O espaço provocado pela falta de compulsão lógica é preenchido pela compulsão social. (Se devemos acreditar em Durkheim, a compulsão lógica é apenas uma forma oculta de compulsão social, de qualquer modo.) Se não fosse assim, se a cultura não prejudicasse as questões que, no caso, permanecem abertas, o indivíduo ficaria perdido. A razão deixa quase tudo incerto, e assim só pressões irracionais podem nos dar um mundo estável e habitável. As ditaduras impõem sua visão não só graças à submissão covarde de suas vítimas, mas graças à inadequação lógica da compulsão racional disponível. A autoridade não distorce tanto os dados, mas preenche o vazio deixado pela precariedade destes.

Em circunstâncias normais ou aceitáveis, deve-se supor que a hierarquia da sociedade reflete a verdade, ao menos em certa medida; que aqueles que são respeitados o são com justiça, e que o valor das idéias, assim como o dos homens, é em geral justo. A idéia platônica de que a estratificação do mérito das idéias, valores, posições sociais e camadas ontológicas da realidade, tudo se reflete e reforça mutuamente, reflete uma técnica básica para a manutenção do respeito pela ordem social. Naturalmente, também existem religiões maniqueístas, que afirmam que o mundo imediato está sob o controle do diabo. Por vezes, há indivíduos ou até subcomunidades inteiras que são profundamente céticas quanto à sociedade mais ampla, mas isso é relativamente raro. É muito mais agradável acreditar que, em geral, a ordem global é justa. Certamente, é desconfortável acreditar no oposto, e considerar-se preso a uma ordem perversa. Os homens preferem considerar-se pecadores a condenar o sistema em que vivem. Um sentimento de culpa pessoal parece preferível a um profundo ressentimento geral contra a ordem cósmica. *Gostamos* de aceitar o universo. Naturalmente, alguns revolucionários por temperamento se comprazem em pensar precisamente que a ordem atual é perversa, mas esses crentes têm uma autêntica ordem moral substituta em reserva, que só espera a ocasião de manifestar-se. Só o pensamento conclusivo agrada; não a realidade imediata.

O ponto importante no totalitarismo ideocrático é que ele completa vigorosamente o círculo da verdade, da hierarquia, do mérito social e da realidade social. A dependência do indivíduo em relação ao consenso social que o cerca, a ambigüidade dos fatos e a circularidade da interpretação contribuem para a fusão da fé e da ordem social. Essa é a condição social normal da humanidade: é uma Sociedade Civil liberal viável, com sua separação entre fato e valor, e sua fria visão instrumental e profana da autoridade, que é excepcional e cuja possibilidade exige uma explicação especial. É a responsabilidade do poder, tanto ideológica quanto organizacionalmente excêntrica, e a ausência da sua sacralização que são historicamente atípicas. Os antropólogos não compreendem a realeza divina: é a realeza secular que realmente exige uma explicação. O totalitarismo marxista restaurou uma ordem moral em um estilo moderno, ou pelo menos característico do século XIX, e foi aceito por uma nação russa que ansiava ao mesmo tempo por honestidade profunda e por modernidade. O marxismo era moderno e encarnava a realização moral messiânica. A luta entre a ocidentalização e o misticismo moral parecia ter acabado: ali estava um credo que satisfazia profundamente ambas as necessidades ao mesmo tempo.

Até que ponto os homens realmente aceitam esse tipo de quadro, que as sociedades, quando confiantes, lhes impõem? É uma pergunta difícil. O homem comum não é um filósofo que examina sua própria consciência quanto à aceitabilidade do seu credo. Na maioria dos casos, ele se contenta em viver dentro das convenções da fé local: faz mais ou menos o que a fé exige, sem duvidar das suposições sobre as quais a sociedade se organiza nem afirmá-las ativamente, e espera que os outros façam o mesmo. Não é necessariamente cético, não está rindo debaixo do pano, apenas tem outras coisas para pensar. Essa é uma condição relativamente confortável, e satisfaz muitas pessoas. A incrível facilidade com a qual sociedades inteiras mudam de fé quando a balança do poder muda — como, por exemplo, na Inglaterra no século XVI, ou os tchecos do século XX — sugere que a fé não é tão profunda: a facilidade com a qual até regimes e ideologias absolutamente absurdos se perpetuam sugere que os homens são crédulos, ou pelo menos não são realmente críticos. Na época da vida comunal, essa pergunta não se fazia: a religião era ritual; era dançada, não pensada. Foi a religião da salvação para todo mundo que transformou a religião em doutrina, e transformou a fé distinta da prática em uma saída. Tornando as afirmações absolutas, ensinou os homens e levarem as idéias a sério, pelo menos até certo ponto. Deveria haver fé, antes que pudesse haver dúvida. O ceticismo sério é um derivado e um devedor do dogmatismo consensual. Se os clérigos não tivessem afirmado tanto, talvez nunca tivéssemos duvidado.

Na época em que a autoridade da religião era raramente desafiada, será que os homens realmente acreditavam nas doutrinas que não podiam desafiar abertamente? É difícil responder. Se eles realmente acreditavam no fogo do inferno, como poderiam arriscar-se a uma tão terrível punição, apenas por causa de prazeres temporários? Sabemos que eles pecavam e que nem todos os pecadores eram incrédulos, ou até sofriam com um tormento inferior ou com medo. Como podiam assumir um tal risco? Se eu realmente acreditasse no fogo eterno do inferno, poderia passar muito bem sem os pecados da carne: francamente, eles não valem esse preço.

A emergência da Sociedade Civil significou efetivamente o rompimento do círculo entre a fé, o poder e a sociedade. O cidadão leal de uma Sociedade Civil liberal pode realmente emprestar uma espécie de legitimidade condicional à sociedade da qual é membro, e reconhecer a obrigação de defendê-la e observar suas regras, mesmo que ele tente mudá-las; mas ele não tende a sacralizar a estrutura do poder ou a reverenciar a hierarquia da sociedade. Aquele que está acima dele é afortunado, tem algum mérito a seu favor, porém não é alguém melhor ou mais nobre. A lealdade não implica mais a credulidade. Os critérios da verdade, os critérios da eficiência social, a hierarquia social e a distribuição de vantagens dentro da sociedade — nada disso está mutuamente ligado, e o cidadão pode viver com a consciência clara de que realmente isso não está ligado, de que a ordem social não é sagrada, e que o sagrado não deve ser abordado através do social. A busca da verdade e o compromisso com a manutenção da ordem social estão separados. O social pode tornar-se ao mesmo tempo instrumental e opcional.

Uma ordem moral, ao contrário, é reconfortante. É até reconfortante saber que outros acreditam nela, e que se pode voltar para a fé caso se queira e se encontrem companheiros para fazer isso. Há pessoas no Ocidente que são atéias ou agnósticas, mas não se sentem emocionalmente à vontade com a crua descrença que se tornou difundida no seio da hierarquia oficial de algumas denominações ocidentais. Sendo eles próprios descrentes, acham tranqüilizador que outros, pelo menos, acreditem, que uma comunidade confiante dos fiéis sobreviva, à qual qualquer pessoa poderia aderir, se decidisse. É bom saber da fé dos outros, que um refúgio está disponível, se as ansiedades da descrença se tornarem agudas demais para serem suportadas. É desagradável saber que os outros também não crêem, que não se pode esperar secretamente que eles possam ter razão, e que o mundo possa ter esperanças, apesar de tudo. Do mesmo modo, encontrei pessoas na União Soviética, quando esta ainda existia, que privadamente não acreditavam no marxismo e criticavam muito os seus princípios e a sociedade que estes produziram, mas mesmo assim sentiam-se estranhamente perturbadas quando, durante o período da *perestroika*, a aparência de fé foi sendo gradual e abertamente abandonada por quem estava à sua volta. Era desconcertante. É bom conhecer exatamente o que não se crê, o que outros afirmam, e que a ovelha pode voltar para o rebanho, caso se livre de sua descrença.

No Ocidente, a transição de um sistema social que, pelo menos, pretendia ser uma ordem inteiramente moral — na qual as verdades cosmológicas e morais se misturavam com as realidade do dia-a-dia e as avalizavam, para uma negociação funcional e pragmática, na qual essa fé não estaria mais disponível ou pelo menos não seria levada a sério — foi um processo complexo e lento. Esse processo foi muito estimulado pela prosperidade econômica e pelo crescimento. Havia todo tipo de continuidades, ambigüidades e concessões, para o melhor ou para o pior. A Sociedade Civil é, acima de tudo, uma sociedade cuja ordem não é sacralizada, ou antes só é sacralizada com ambigüidade, ironia e nuances. (Um aristocrata francês que se tornou oficial SS condecorado, e admirava a disciplina e o empenho dos nazistas, apesar disso descrevia seu embaraço diante da excessiva solenidade da cerimônia de formatura da Divisão Carlos Magno da SS, realizada em uma floresta teutônica, naturalmente: afinal, refletiu ele, um francês sempre será francês — e com isso não queria dizer que era um patriota, mas que conservava o senso de ironia.)

A ordem social é instrumental, e não o guardião ou o agente do absoluto. Mesmo assim, precisa de valores e de um sentido de obrigação ou compromisso entre os seus membros. Há uma teoria, que eu não aceito, de que a sociedade secularizada ou semi-secularizada apenas vive moralmente de uma espécie de capital moral herdado, deixado pela idade da fé. Na verdade, ela vive com uma certa ambigüidade, em um meio-termo entre a fé e sua ausência e a obrigação de cultivar uma dúvida honesta. Precisa de ambas, e não se sentiria bem como uma plena restauração do antigo capital moral.

O povo russo, segundo a literatura russa, tem uma certa predileção não só pela fé, mas por um positivo messianismo social. O marxismo satisfazia esses dois anseios dominantes; seu cientificismo prometia a incorporação da Rússia a um próspero Ocidente materialista, a sua moral utópica prometia um total consumação, uma transcendência moralmente superior à do Ocidente. Por muito tempo, o marxismo conservou grande parte de sua plausibilidade. Havia o cinismo da sociedade ocidental durante a década de 30, o abandono da fachada liberal nos Estados fascistas, a então manifesta crise econômica e moral do capitalismo, a vitória da União Soviética na guerra, os progressos materiais que eram enormes, se se considera a devastação causada por duas guerras, uma prolongada guerra civil, para não falar dos expurgos internos, dos massacres e da desorganização da economia. Posteriormente, veio o sucesso do primeiro satélite artificial, e daí a plausibilidade, nos últimos momentos da era Khrushchev, de uma eventual dominação sobre o mundo capitalista. Tudo isso era mantido pela fé, a despeito do terror; e o terror, talvez, curiosamente, confirmasse a fé.

Entretanto, no fim, a *Umma* secular fracassou melancolicamente. Isso não prova formalmente que todas as religiões seculares também devem fracassar necessariamente, mas sugere essa idéia. O marxismo era bem orquestrado, seus temas não deixavam de ser atraentes, e certamente teve a sua oportunidade. É difícil dizer o que foi mais fatal para ele — o seu absolutismo doutrinário ou a natureza catastrófica de suas doutrinas econômicas. Resta ver qual será a posição ideológica que poderá erguer-se sobre suas ruínas.

20

Dos Interstícios de um Sistema de Administração e Comando

Um sistema de administração e de comando não é uma invenção de Lenin ou Stalin; é simplesmente a condição normal da humanidade. Através da história, as sociedades humanas estiveram mais preocupadas com sua ordem interna e com sua segurança externa do que com sua taxa de crescimento, o que era inevitável e, nesse sentido, correto. É a liberação das relações econômicas das relações políticas e sociais, e não a sua subjugação a elas, que é excepcional e exige explicação.

Assim, o feito dos bolcheviques não foi a invenção de uma sistema de administração e comando — assim, eles poderiam reivindicar a invenção da roda —, mas antes a imposição desse sistema *depois* do triunfo da sociedade produtiva, em nome de um melhoramento desta, que seria, ao mesmo tempo, técnico e moral, e executado no contexto de uma sociedade industrial e científica. Isso permitia à dominação inerente a tal organização ser incomparavelmente mais profunda do que poderia ter sido anteriormente, nas versões pré-modernas do sistema.

Naturalmente, não se falou, no início, de "sistema de administração e comando": esses termos só foram usados quando o sistema foi denunciado e renegado. Falava-se de "socialismo" e de "comunismo" e esses termos eram difundidos com grande aprovação moral. O que eles significavam não era absolutamente claro, mas ficava entendido que barganhas legalmente sancionadas para obter vantagens privadas ("o mercado") estavam descartadas. Sua base institucional, o controle privado sobre os recursos, estava abolido, e tudo isso foi substituído pela prioridade de considerações sociais e coletivas, politicamente imposta. O plano social tinha que prevalecer sobre a anarquia egoísta. As ferramentas políticas, processos e regras que deviam: a) assegurar a identificação das necessidades e b) impor a sua satisfação, não estavam claramente especificados. Admitia-se inicialmente que eles seriam benignos. Uma fraqueza catastrófica do marxismo foi a idéia de que essas instituições nem precisavam ser especificadas ou criadas, que de algum modo elas emergiriam por geração espontânea, nas condições da não-existência de classes e de propriedade.

Devemos repetir a pergunta: foi o absolutismo ideocrático como tal ou o seu conteúdo comunista que fez com que o sistema fosse tão catastrófico? A resposta é que o socialismo total (em sentido forte) foi, na verdade, um elemento essencial no desastre. Os autoritarismos políticos, até os totalitarismos que toleram uma economia autônoma, criam assim, involuntariamente, uma Sociedade Civil, ou pelo menos o potencial social para a emergência de uma Sociedade Civil. Uma economia moderna, capaz de crescimento sustentado, é tão poderosa que, mesmo que proíba temporariamente a expressão política e ideológica aberta, acaba despojando até um autoritarismo monopolista da fé e da coação do seu poder total. O terror pode emudecer uma Sociedade Civil latente, mas quando o terror cessa, ela ainda existe e pode emergir. Por essa razão, a liberalização das ditaduras não-socialistas é relativamente fácil: a economia autônoma é o germe do pluralismo. Mas o socialismo, em qualquer sentido forte, inviabiliza esse germe.

A afirmação de que a eliminação marxista das bases sociais do pluralismo leva ao totalitarismo é agora virtualmente comum e pacífica: o tempo a comprovou. É uma idéia que subjaz à argumentação geral deste livro e à explanação do motivo pelo qual a noção de Sociedade Civil tem suscitado um tão poderoso interesse. Mas a contrapartida é bem menos óbvia, embora também provavelmente verdadeira: ou seja, sob condições modernas, qualquer totalitarismo também será inevitavelmente marxista.

Naturalmente, essa afirmação não deve ser tomada literalmente. A estrutura um tanto barroca ou a acumulação de idéias, temas e slogans conhecidos como marxismo são uma confusão relativamente contingente, quase acidental, um fruto das experiências de vida intelectual de dois homens. Esse coquetel de historiosofia hegeliana, de pessimismo de alguns dos antigos comentadores econômicos da Grande Transformação, de comunismo francês, com um acréscimo tardio da antropologia de L.H. Morgan, mais uma pitada de contracultura e anarquismo boêmios, e Deus sabe que outros elementos mais..., seria absurdo afirmar que qualquer totalitarismo em um sociedade industrial *tivesse* que adotar essa poção de feiticeira. Aconteceu uma vez e provavelmente nunca se repetirá, embora, sem dúvida, continue a viver entre os verdadeiros crentes, cuja fidelidade não tem limites.

Mas, em outro sentido, havia uma profunda necessidade social em torno de alguns aspectos realmente centrais do marxismo: em condições modernas, nenhum totalitarismo poderia ser, nem de longe, completo, total, a menos que dominasse integralmente a economia. Em uma sociedade dominada por um contínuo e significativo crescimento (em que a expectativa de progresso pode substituir a coerção como base fundamental da ordem social), se a economia for deixada completamente livre, acabará sendo demasiado poderosa. No passado distante, a economia tinha de ser socialmente dominada porque era muito fraca: não dominá-la era arriscar-se ao desastre. Agora, ela deve ser dominada, porque é muito forte. Em outras palavras, qualquer totalitarismo real, digno do seu nome, no mundo industrial, tem que ser marxista; não necessariamente, ou talvez ainda, no sentido de invocar o estranho conjunto de idéias conhecido com esse nome, mas porque operará com uma *nomenklatura* política, ideológica e econômica unificada, à maneira introduzida no mundo "sob a bandeira do marxismo". Qualquer coisa menos do que isso acarretará a presença de centros de poder rivais, mesmo que semi-ocultos, que assim destruirão os planos do totalitarismo real.

O paradoxo da União Soviética é que ela foi uma sociedade que tentou estabelecer uma nova forma social através de uma imposição de cima para baixo. Falhou, e com isso o país está agora condenado a decidir se quer ou não, da mesma forma, criar uma Sociedade Civil de cima para baixo, por imposição e *depressa*.

O processo pelo qual uma ordem social aberta, móvel, orientada para o crescimento, modular, emergiu de um sistema feudal ou barroco-absolutista, orientado para o status e antiprodutivo, foi longo, complicado e turbulento. Teoricamente, isso significava uma transformação básica dos valores europeus, assim como da organização social. As novas classes e a nova ética que emergiram foram fortificadas pela profunda fé religiosa. Elas também aprenderam a suspender essa fé na esfera pública, pelo menos até o ponto necessário para reconhecer a ilegitimidade da sua excessiva intrusão na arena política. As obrigações políticas se tornaram efetivas, independentemente da fé ou do ritual. Tudo isso levou muito tempo, mas significou que, quando a nova ordem chegou, já tinha profundas raízes e tradições. Orgulhava-se da sua ética, e podia enfrentar com confiança aquela que ela substituíra. Os valores do trabalho e do esforço não eram desprezíveis, não eram um simples *pis aller* para o orgulho do nascimento e da agressividade.

Essas vantagens de um novo espírito parecem estar muito ausentes na tentativa de produzir uma imediata Sociedade Civil sobre as ruínas da *Umma* secular. Não há uma nova visão, e provavelmente não deverá haver, sendo reconhecido que a dúvida é socialmente mais valiosa do que a fé. Mas não houve tempo para a maturação do tipo de dúvida serena e estável que pode ser uma base para ação, mais do que para a paralisia moral. Não houve tempo para realizar uma negociação avalizada pelos costumes entre a fé emudecida e o ceticismo bem-intencionado, o que parece ser um dos ingredientes capitais da Sociedade Civil.

A burguesia que uma vez surgiu de dentro dos interstícios do sistema feudal de comando e administração teve o seu próprio tipo de dignidade: a burguesia que é solicitada a sair de sob as pedras do monolito comunista parece muito menos promissora. Onde estão os Forsytheskis e os Buddenbrookovs? Ou só se pode esperar uma lumpenburguesia, recrutada entre os *apparatchiks* oportunistas que saltam para o vagão do mercado, oferecendo seu conhecimento dos bastidores e das conexões, vigaristas mafiosos que emergem de modo suspeito da antiga ilegalidade, neo-compradores e investidores estrangeiros? Poderia o oportunismo, o cinismo e a desmoralização que acompanharam a queda da velha ordem autoritária — sem falar da criminalização extensa e efetiva — gerar essa ética responsável que pode ser realmente um pré-requisito de uma verdadeira economia industrial? Uma piada moscovita recente diz assim: qual é a coisa pior do que o socialismo? Resposta: a coisa que se segue ao socialismo.

21

A Definição do Socialismo

A intuição moral que subjaz à idéia de socialismo e em particular ao marxismo é simples: a ganância, a obsessão de adquirir, a propriedade competitiva, a posse como status e principal símbolo da realização humana — tudo isso é mau. Não apenas mau; é também perfeitamente evitável: a propriedade e a competição econômica não estão inscritas na natureza das coisas ou enraizadas no caráter humano. Pelo contrário, são incompatíveis com a verdadeira essência da humanidade: os homens que se deixam dominar pela obsessão da aquisição individual e da posse se alienam da sua própria e verdadeira natureza. A absolutização da ganância é uma lei de falsa consciência imposta por uma ordem social temporária e patológica, que tenta proteger-se e fortificar-se por meio dessa falsidade, generalizando e tratando como intrínseca a sua própria visão distorcida do homem, historicamente específica; mas a verdade da humanidade reside no trabalho espontâneo e na cooperação.

Essa era a doutrina marxista. Uma sociedade livre desses defeitos seria não apenas mais humana e moralmente superior, mas também mais eficiente, ou bastante eficiente para as necessidades humanas. Mas seu mérito principal é que ela permitiria aos homens realizar-se e, ao mesmo tempo, estar uns com os outros em melhores termos do que nunca. O marxismo tinha uma doutrina elaborada, com fundamentos históricos e filosóficos, mas todos os partidários do socialismo, em qualquer sentido forte, compartilhavam essa intuição básica, mesmo que não aprovassem toda a complexa codificação da sociometafísica marxista.

Aqueles que usam a palavra socialismo e respondem à sua positiva carga emocional estão geralmente comprometidos com algum conjunto de idéias como essas. A carga emocional contida na palavra não é um adendo arbitrário, mas, pelo contrário, uma conseqüência natural e inevitável de toda uma série de idéias que, válidas ou não, têm alguma plausibilidade e coerência interna. É possível que alguém acredite nelas, se tiver um forte desejo, e o desejo estava realmente presente, principalmente entre os que se impressionavam com a extrema desigualdade, com o sofrimento desnecessário agudo e generalizado, e com a competitividade e crueza das sociedades economicamente livres. Esse conjunto de idéias adquiriu então uma grande atração, apresentando-se como única alternativa, a esperança de salvação, de fuga de uma condição altamente indesejável. Aqueles que ansiavam por fraternidade ou respeitavam a criatividade humana mais do que a mera aquisição podiam, nas condições produzidas pelo industrialismo individualista, encontrar-se impelidos a adotarem essas idéias, e a sentirem que de outra forma estariam condenados ao desespero. Para os que eram sensíveis a isso, essa idéia tinha uma espécie de autoridade moral: parecia, aos que a adotaram, que ela não poderia ser compreendida sem ser também reconhecida como válida, como uma espécie de mandamento.

Naturalmente, nesse estado de espírito, não usavam a palavra "socialismo" como um termo neutro, designando apenas um conjunto específico de disposições sociais. Antes, usavam-na como um termo cujo constituinte primordial era a idéia de que aquilo que ela expressava era *bom*. Podiam não saber exatamente o que era, mas sabiam que era bom. Esse é o dado fixo, e os outros ingredientes mais descritivos ou sociológicos dessa idéia se tornam correspondentemente menos estabelecidos. Se um ou outro desses ingredientes se revelam como maus, ou produzem coisas que são claramente indesejáveis — bem, então é evidente que afinal de contas isso não faz parte do socialismo verdadeiro. Erramos ao incluí-lo, mas a real definição do termo o excluirá e o substituirá por outra coisa. A idéia continua boa, o conteúdo empírico original é modificado. "Socialismo" se torna um conceito com uma espécie de conteúdo rotativo empírico — só a carga de avaliação positiva permanece constante. A normatividade lhe é mais central do que qualquer conteúdo empírico.

Se a experiência histórica acaba sendo diferente do que foi antecipado, então o conteúdo descritivo da idéia pode ter que ser um pouco modificado, embora não a sua carga de avaliação positiva. Simplesmente, deve haver algo que contraste com os males na sociedade que realmente temos, algo que constitua uma inversão de seus valores e de sua hierarquia, que rebaixe aqueles que se deleitam com os privilégios que eles próprios declaram legítimos, e que, ao mesmo tempo, seja válido não apenas porque nos promove — isso é mero acidente —, mas porque é bom. Esse é o tipo de raciocínio implícito ou antes de reação emocional responsável pela confusão e pela instabilidade das definições de socialismo. É difícil definir com precisão o que se reverencia, pois a precisão pode introduzir elementos de conflito no seio da definição, no seio de algo que em si tem de ser imaculado e acima de qualquer conflito.

Todavia, a definição básica inicial, que precede os ajustes que se seguem aos desapontamentos, é basicamente simples e lúcida, e é por isso tanto melhor. Ela contém um simples elemento descritivo — os meios de produção passam a ser propriedade social — e uma conseqüência de avaliação ou expectativa: assim sendo, as relações humanas serão boas. O conteúdo empírico não é infinitamente volátil; contém realmente pelo menos um elemento descritivo imutável — e a poderosa intuição que esse elemento contém é intrinsecamente boa. Na versão marxista, essa expectativa é um corolário imediato da afirmação sociológica central do marxismo, ou seja, que o conflito humano e o antagonismo são a conseqüência da divisão de classes e de nada mais, sendo as classes definidas como categorias de pessoas em diferentes relações com os meios de produção. Se for assim, então, em virtude de uma simples e perfeitamente convincente operação lógica, segue-se que, pela abolição de relações diferentes com os meios de produção (isto é, as classes), colocando os recursos sob controle social e não individual, as classes tendem automaticamente a desaparecer, e com elas o antagonismo, tornando-se mais harmoniosas as relações humanas. O raciocínio é impecável; são as premissas que podem ser postas em dúvida. Mas, no marxismo, as premissas estão firmemente ancoradas em uma universal filosofia da história e em uma sociologia de grande sugestividade e apelo, que tiveram muitos e verdadeiros crentes sob a sua influência.

Quando essas conseqüências não se manifestam imediatamente, há muitas desculpas e explicações prontas para uso, explicações que, devemos dizer, não são desprovidas de alguma plausibilidade. O socialismo inimigo das classes, embora legalmente destronado, ainda existe e ainda procura restabelecer a velha ordem com a ajuda de aliados externos, e, se necessário, utilizará qualquer método, mesmo repugnante, para alcançar seu objetivo. A Terra da Revolução está cercada por inimigos temerosos de que as idéias libertadoras se espalhem pelas suas próprias populações. Acima de tudo, as conseqüências benéficas do socialismo só emergem efetivamente em um certo nível de produção, e, considerando-se o atraso do país em questão, sua devastação por uma guerra internacional e por uma guerra civil, esse nível não pode ser atingido imediatamente. Por causa da postura ameaçadora dos inimigos externos, a obtenção da afluência necessária também deve ser adiada, já que se deve consagrar recursos e energias à preparação da defesa. O socialismo tinha a sua própria versão, um tanto radical, de satisfação adiada: considerando-se a situação de cerco e a inescrupulosidade dos inimigos, o adiamento, um pouco de autoritarismo temporário e de brutalidade podem ser inevitáveis... Uma revolução não é um piquenique, a vitória não se consegue sem uma luta dura e prolongada, e seria loucura esperar algo diferente.

Essas justificativas eram muito invocadas, e não eram inteiramente absurdas. Todavia, a explicação de longe mais importante e interessante é a da "perversão" do socialismo autêntico. Era impossível explicar os excessos do culto a Stalin e do assassinato em massa apenas com explanações específicas, e, de qualquer forma, aqueles que denunciavam esses horrores também queriam impedir que eles se repetissem, e para isso era necessário não só explicar e desculpar, mas também identificar e nomear um pecado que não deveria ser cometido de novo. E assim a idéia de distorções ou perversões do socialismo entrou para o vocabulário e para o estilo de pensamento do socialismo, como uma pseudo-explicação. Uma teoria que afirma que a história obedece a leis não pode facilmente ignorar um fenômeno tão terrível e de tais proporções. Mas nenhuma teoria intramarxista do stalinismo conquistou a aceitação geral ou foi muito convincente. Politicamente, sempre era incômodo elaborar tal teoria, mesmo que se encontrasse uma que fosse persuasiva.

Uma perversão, mesmo terrível, podia ser tolerada. Na verdade, quanto mais horrível, de certo modo, mais conceitualmente digerível. As perversões do melhor são o pior. Não seria muito surpreendente que um ideal tão luminosamente belo como o socialismo passasse a ser tão profundamente repelente quando pervertido. E ao mesmo tempo, uma tão grande, tão completa transformação da condição humana dificilmente poderia ser realizada sem tragédia. Para os marxistas, a violência não controla e não deve controlar a história, mas é oficialmente reconhecida como sua parteira autorizada. Sua presença nas dores do nascimento de uma nova ordem era esperada. *Perversão* e *parteira legítima* não são explicações estritamente compatíveis — e/ou! — mas emocionalmente, os verdadeiros crentes eram capazes de conciliá-las, de alguma forma.

E mesmo em sua forma pervertida e terrível, a nova ordem conseguira tanta coisa! Tomara um país de camponeses iletrados e transformara-o em um país de trabalhadores industriais letrados, capazes de empreender e ganhar uma guerra contra o mais importante poder industrial da Europa (que também, no tempo da guerra, controlava efetivamente todo o resto do potencial industrial da Europa continental, e gozava da cooperação mais ou menos voluntária de grande parte dos seus habitantes); além disso, foi capaz de tornar-se um dos dois superpoderes do mundo, e até, por algum tempo, de ser líder da exploração do espaço... Essas realizações foram possíveis mesmo para a versão distorcida, pervertida do socialismo; não seriam muito maiores as realizações da variante purificada, não-pervertida? Essas realizações não poderiam tardar. Isso era algo em que Khrushchev e muitos da sua geração acreditavam, e Khrushchev até assinalava uma data bem próxima para esse acontecimento. O fato de que os seguidores passaram pelos horrores do stalinismo, e sabiam muito bem o que eles foram, não corroeu sua fé. (Quando a data marcada por Khrushchev se aproximou, tornou-se uma espécie de piada na então URSS: as pessoas diziam sorrindo que a transição do socialismo para o comunismo estava quase chegando. O que de fato aconteceu foi uma queda catastrófica do sistema.)

Todavia, esses desenvolvimentos significavam que a idéia de socialismo adquirira então um novo e diferente tipo de lógica interna. Inicialmente, havia apenas dois elementos realmente essenciais: crença na abolição da propriedade privada, como egoísmo institucionalizado, e na conseqüência crucial, ou seja, a bondade humana e uma ordem social profundamente satisfatória. Agora, um terceiro elemento era acrescentado, na forma de uma limitação: as conseqüências desejáveis realmente aconteceriam, como sempre afirmamos, mas só com a condição de que nenhuma perversão/distorção interfira para privar os beneficiários humanos do socialismo do que lhes é devido. A natureza dessas perversões — o "culto da personalidade" — estava mais ou menos claramente identificado, mesmo que não adequadamente incorporado à teoria geral, e assim a noção geral perdia pouco da sua lucidez ou até do seu atrativo. Tornara-se apenas um pouco mais complexa em sua estrutura. As "perversões" eram uma espécie de epiciclo introduzido *ad hoc* no sistema, para fazê-lo funcionar, mais do que um corolário natural das suas percepções iniciais. Mas aqueles que viviam uma necessidade psíquica de corresponder ao seu apelo ainda podiam fazê-lo sem um evidente e excessivo desconforto lógico. A qualificação contida nele fazia sentido e tinha até uma espécie de plausibilidade, embora fosse difícil derivá-la das premissas básicas da teoria. A compatibilidade dessa modificação com o corpus central das idéias marxistas era questionável, mas não era muito questionado: como Marx não disse, as sociedades autoritárias geralmente não fazem perguntas para as quais não há uma resposta cômoda.

Poder-se-ia esquematizar a situação lógica da seguinte maneira: se a extensão original da noção de socialismo — a ausência de propriedade acarretando o bem — corresponde a um círculo, a presente definição a iguala com a extensão do círculo menos um segmento, o qual representa as perversões, como o culto da personalidade. Esse pedaço — que infelizmente demonstrou com força excessiva sua realidade histórica, o fato de que podia coexistir com as outras propriedades formais do socialismo (nenhum meio de produção em mãos privadas) — tinha que ser extirpado do conteúdo da idéia. Como disse Isaac Deutscher, um verdadeiro crente, havia uma contradição entre a base socialista da União Soviética e sua superestrutura política, e assim a superestrutura má não podia durar. (Não durou: o que ele não podia conceber era que ela também arrastaria na sua queda a base socialista.) A possibilidade dessa contradição era difícil de explicar em termos marxistas, mas pouco importa: a história providenciaria a sua eventual superação, assim como se poderia confiar nela para assegurar a eliminação de outras e mais antigas contradições, e tudo ficaria bem. A extensão da idéia original foi modificada e diminuída, mas também continuava muito considerável e até plausível.

Depois da queda de Khrushchev, ainda muito deplorada retrospectivamente na Rússia por alguns membros de sua geração, que detivera a esperança de fazer o sistema funcionar sem distorções — sentiu-se que essa fora sua última chance —, veio a Idade da Estagnação, o período de Brezhenev. Pelos padrões gerais e não muito exatos da história do mundo, não foi um tempo muito mau. O número de prisioneiros políticos passou a ser contado em centenas ou milhares, porém não mais em milhões. Estes eram escolhidos não ao acaso, mas (salvo erro ocasional da polícia ou vingança particular) por dissensão e oposição. O número de alfabetizados correspondia quase à população inteira, as condições de alojamento eram toleráveis (90% dos moscovitas, por exemplo, viviam em seus próprios apartamentos e não em apartamento comunalmente compartilhados) e o padrão de vida era bem alto, em comparação com o passado e até com o mundo livre. Não havia fome. As roupas eram padronizadas mas decentes. No metrô de Moscou, por volta de 1960, tornou-se impossível distinguir um trabalhador de um intelectual pelas suas roupas: e nenhum deles estava mal-vestido. nem mesmo se podia diferenciá-los pelas suas leituras: ambos liam boa literatura, provavelmente porque o lixo era impossível de obter.

Comparado com um passado não esquecido, essa era realmente uma boa situação. Se a União Soviética fosse uma ilha, e o mundo exterior não existisse ou pudesse ser isolado, então, certamente, longe de sentir a necessidade de reorganizar e reconstruir, o sistema celebraria alegremente o seu próprio triunfo. O socialismo proclamaria a obtenção de um nível de afluência nunca conhecido na história anterior da humanidade, e ao mesmo tempo até um nível de liberdade nunca conhecido localmente por massas tão numerosas (embora ocasionalmente ultrapassado por elites muito limitadas e privilegiadas). Sob os czares, apenas alguns eram livres, e agora muitos eram, pelo menos, um pouco livres. E não seria só isso, certamente haveria mais afluência e possivelmente mais liberdade.

Mas a União Soviética não era uma ilha. Longe disso. Pelo contrário, estava empenhada em uma competição ideológica com o mundo capitalista, envolvida em uma corrida pela preponderância econômica e militar, e pela influência no Terceiro Mundo. No tempo de Khrushchev, a URSS ainda acreditava que poderia e iria vencer.

Entretanto, com o advento da *perestroika*, tornou-se perfeitamente óbvio que ela estava clara e irremediavelmente perdendo essas corridas. Além disso, encontrava-se em um impasse: podia diminuir o atraso permitindo que a informação fluísse entre si e o mundo exterior, mas isso apenas produziria descontentamento; ou poderia controlar a comunicação e assim diminuir o descontentamento, mas o tempo de atraso só aumentaria. Gorbachev escolheu a abertura, embora certamente sem uma completa consciência do ponto em que o impulso do movimento finalmente o levaria.

Mas como o conceito de socialismo poderia aceitar a era Brezhnev? Seria inútil, desonesto e ridículo pretender que ela foi uma simples extensão do stalinismo e do culto da personalidade. A *nomenklatura* havia parado de atirar em si própria, e, ao invés, seus membros estavam se corrompendo mutuamente. A sucessão para um alto cargo não implicava mais a morte, natural ou induzida, do antecessor. O terror não era mais arbitrário, e as penalidades que ele impunha eram relativamente restritas. Os cidadãos comuns que calavam a boca ficavam razoavelmente seguros. Mesmo que não se calassem e provocassem as autoridades, podiam receber sentenças relativamente humanas, nas quais o número de anos de prisão eram de um só algarismo, e a sentença significava realmente o que dizia (ao contrário do velho sistema, no qual uma sentença de prisão "sem direito de comunicação" era um código para "execução").

Não, não é o caso de assimilar essa benigna e relativa forma social — que não se compara com outras que a humanidade em geral e os russos em particular tiveram que sofrer no passado — ao stalinismo. Todavia, ao mesmo tempo, também não é, absolutamente, o caso de admirá-la, de identificá-la com um brilhante ideal. Ela não foi tão horrível, mas foi pobre e difícil. Não foi para isso que os mártires morreram, não foi para isso que a humanidade foi criada. Além disso — e foi o que precipitou sua ruína, mais do que sua pobreza —, pelos padrões internacionais, ela simplesmente não era bastante eficiente. Não era capaz de competir internacionalmente, ou de manter permanentemente aquele status de grande poder que o país adquirira sob Stalin.

Assim, por essas razões, essa variante do sistema também era uma deformação, não uma verdadeira expressão do ideal socialista, apesar do fato de que essa primeira condição crucial do socialismo — ausência de propriedade privada — tivesse sido mantida, e os exageros do culto da personalidade fosse agora evitados. Conceitualmente falando, voltamos mais uma vez ao círculo que representa a intuição básica do socialismo, a eliminação das regras de propriedade, que permitem a estimulam a ambição privada e a obsessão pela aquisição. O círculo original já tinha um defeito: a deformação caracterizada pelo culto da personalidade e os terríveis excessos de arbitrariedade, o poder incontrolado; isso tinha sido eliminando, como indigno de inclusão no brilhante ideal. Agora, também outro segmento devia ser eliminado, o que correspondia àquilo que definia a Idade da Estagnação, como foi oficialmente designada. Deve-se acrescentar que não havia nenhuma teoria inteiramente convincente e nem mesmo plausível para explicar por que alguma dessas deformações (e muito menos ambas) ocorrera. A segunda nem mesmo estava claramente definida. Explicar a ocorrência de ambos esses defeitos em termos das premissas da teoria inicial, preservando a plausibilidade dessa própria teoria, estava além da habilidade de qualquer teórico.

A intuição central contida no ideal do socialismo era que a abolição do controle privado e da ambição por si só levaria a uma ordem social satisfatória, tão excelente que até poderia dispensar qualquer coação política. Essa idéia fora modificada uma vez, pela admissão de que uma distorção sob a forma de culto da personalidade foi possível e tinha de ser excluída. Agora, parecia que o conceito reconhecia mais uma modificação. O resíduo do verdadeiro socialismo encolhia progressivamente. Tornava-se cada vez mais evidente que o que importava não era tanto o seu conteúdo positivo (a propriedade social), mas evitar uma série múltipla, e além do mais indefinida, ilimitada, de defeitos que pareciam acompanhar esse conteúdo de maneira inteiramente natural. A salvação parecia residir mais ainda em evitar as distorções do que na idéia central, outrora luminosa, da propriedade compartilhada. Havia um limite para o número de distorções? Estaria o socialismo como tal destinado a não produzir benefícios? Parecia produzir uma variedade de malefícios, e as condições adicionais que poderiam impedir essas perversões não se mostravam fáceis de identificar. A salvação da humanidade não parecia estar mais no socialismo como tal, mas antes em evitar a extensa e mal definida área das suas distorções... A teoria de salvação disponível não continha boas premissas para lidar com tudo isso.

O que exatamente definia a estagnação? Falta de franqueza, de democracia, de aceleração? Os slogans sugeriam algo assim, já que insinuavam que a introdução desses benefícios (ou a sua reintrodução?) finalmente estava sendo conseguida. Uma história confusa, já que a democracia e a verdade eram consideradas, anteriormente, como inerentes à noção de uma sociedade marxista, de modo que a ausência delas subitamente reconhecida e enfatizada, sem nem mesmo a *Hilfshypothese* da excessiva centralização e da adulação do poder pessoal, era meio estranha.

De qualquer forma, o novo segmento a ser também eliminado da denotação original do socialismo não tinha ele próprio uma definição clara e coerente. O resíduo intrinsecamente bom, que devia manter sua autoridade e o seu *sex-appeal* político, também estava correspondentemente obscurecido. E quantos segmentos mais deveriam ser eliminados, antes que se obtivesse o resíduo final, que seria imaculado? O ideal socialista estava começando a assemelhar-se a uma cebola com deformações em suas folhas. Haveria alguma coisa mais? A existência de um miolo que restaria no fim começava a ficar duvidosa.

Originariamente, o centro de gravidade estivera na intuição básica, a ênfase na coletivização crucial da propriedade, com a correspondente suposição de que isso faria os homens bons e a sociedade eficiente, tudo ao mesmo tempo. Esse conjunto de idéias tinha a sua própria atração e a sua própria autoridade política: era muito difícil pensá-las, nos termos usados pelos que a propunham, sem aprová-las. A idéia livresca agora disponível, sangrando copiosamente de suas sucessivas amputações, não tinha mais aquela aura tão convincente, como que ontologicamente garantida, da sua própria autoridade. Ela não podia mais encerrar uma discussão em que fosse introduzida, simplesmente pela virtude da sua autoridade interna, intrínseca. Outrora, os fiéis da reta persuasão sabiam que a política socialista era *ipso facto* boa, mesmo que ignorassem que diabo de coisa ela poderia significar. Agora, essa *carte blanche* automática perdera seu poder.

O fardo da definição e da defesa desvia-se agora da contemplação sem críticas daquelas simples características atribuídas ao miolo, e suas automáticas conseqüências sociais benéficas; desvia-se mais para o problema de como as deformações devem ser definidas, identificadas e evitadas. Não é uma questão fácil de resolver, já que essas deformações parecem ser numerosas, complexas e indefinidas, e estão sempre se manifestando.

Até o momento, têm existido alguns regimes marxistas, em todos os tipos de climas, em países com todos os tipos de histórias anteriores, e em todos os tipos de contextos internacionais. A extensa variedade desses contextos fez com que as deformações fossem muito mais difíceis de explicar do que quando o socialismo era praticado em um país que indiscutivelmente teve uma história trágica e encontrou-se em circunstâncias extremamente difíceis. Os regimes marxistas existiram em países desenvolvidos e não-desenvolvidos, poliétnicos e culturalmente homogêneos; em terras de tradição democrática e em regiões dominadas pelo autoritarismo; em países católicos, protestantes, sunitas ortodoxos, xiitas, budistas, confucionistas e xamanistas; alguns na Europa e outros no Terceiro Mundo; alguns tinham sofrido o colonialismo e outros não, alguns o praticaram eles próprios; alguns em regiões onde o marxismo se estabeleceu através de uma luta local e alguns em lugares para onde foi levado pelo Exército Vermelho. Alguns se submetiam a Moscou, outros eram orgulhosa e insolentemente independentes, e até empenhados em conflitos com a Pátria da Revolução. *Todas* as combinações possíveis foram tentadas durante uma experiência excepcionalmente bem controlada, que a história amavelmente proporcionou, e o veredito parece ser o mesmo: as sociedades marxistas vão do repulsivo ao indescritível.

Quando a definição e a defesa tiveram que enumerar ou definir toda uma longa e talvez infindável lista de deformações, que tinham que ser evitadas antes que o ideal nuclear residual emergisse e se tornasse operativo em toda a sua beleza e eficiência, o jogo terminou. A idéia do marxismo só poderia funcionar se fosse dotada de uma teoria das deformações, e mal poderia produzir qualquer teoria sem tornar-se ridícula. As definições eram infinitas, mas ocorriam sob condições tão diversas que não se obtinha nenhuma explicação. O jogo estava abandonado, e os idealistas ocidentais remanescentes foram aconselhados a olhar para o "socialismo real" — isto é, como é realmente praticado nas sociedades marxistas — com o argumento de que, mesmo um pouco defeituoso (quem poderia negar?), de qualquer forma tinha a vantagem de existir no mundo real e não apenas em uma imaginação romântica, e pelo menos era reconhecidamente compatível com as limitações sociais que atuam no mundo. E assim aconteceu: mas, pelos padrões de consumo internacionalmente predominantes e aceitos durante a última parte do século XX, ele foi, embora evidentemente praticável, também grosseiramente inferior em termos de eficiência. E isso, pelo menos na Europa e na ex-URSS, finalmente o destruiu.

Assim, no tempo em que a atração teve que ser situada não no fugidio núcleo, mas na ausência daquela série aberta e evidentemente interminável de deformações, o centro da atenção se deslocou do núcleo para a eliminação daquelas deformações genéricas, que parecem habitar tão persistentemente aquela essência ideal que elas perturbam, mas da qual, entretanto, elas aparentam ser uma emanação. A deformação acaba sendo a essência. E só isso é, naturalmente, o nosso tema central; se há um modo rápido de definir o real conteúdo social da recém-redescoberta idéia social da Sociedade Civil, se há uma maneira sucinta de explicar sua subitamente readquirida atração política, ela deve ser encontrada precisamente nessa área. A Sociedade Civil se tornou o slogan ou a idéia que intuitivamente totaliza todas essas características sociais que normalmente impedem a emergência de deformações genéricas, deformações que realmente parecem ser não enganos evitáveis, mas algo inerente à própria idéia central.

É a combinação da busca de virtude e industrialismo que aparenta ser tão desastrosa. As sociedades marxistas são ideocracias, isto é, regimes que não se contentam em realizar uma função social ao menor custo, mas se preocupam com a implementação de uma ordem moral, com a predominância da virtude sobre a terra. A política se transforma na imposição da retidão. Mas uma sociedade industrial é, por definição, uma sociedade na qual a atividade econômica é difundida e crucial. Sujeitá-la à virtude, pretender que negociar é impróprio e imoral, e que a desigualdade é intrinsecamente incorreta, é submetê-la a limitações que são incompatíveis com ela. O resultado é a construção de uma fachada inteiramente falsa, ocultando a pobreza e o cinismo. A unificação da economia em uma única organização e sua fusão com a hierarquia política e ideológica não é apenas extremamente ineficiente: também leva inevitavelmente ao totalitarismo e à desonestidade. Em uma sociedade industrial, o socialismo integral só pode ser totalitário — e o totalitarismo só pode ser socialista. Permitir uma zona econômica independente é abrir uma enorme brecha no sistema autoritário, já que a economia é tão importante. Privar a Sociedade Civil de uma base econômica independente é estrangulá-la, já que a centralização política é inevitável.

22

Uma Nova Definição Positiva

A definição mais simples de socialismo, que se contenta em observar a realidade social e abster-se de avaliações, seria a seguinte: o socialismo é um sistema de administração e comando que rege uma sociedade industrial.

Os que conservam alguma lealdade ao hábito de dotar o socialismo de uma carga de emoção positiva se ofenderão com essa definição, pois ela lhes pareceria deliberada e injustamente impregnada de uma carga de emoção negativa. Os sistema de administração e comando é o último na série das desculpas/explicações sobre o que deu errado na implementação do socialismo. Aparentemente, há outro meio de fazer funcionar o socialismo, que não seja através do método de administração e comando, embora não fique claro que método poderia ser esse (fala-se de "socialismo de mercado" ou de "mercado socialista", mas não é claro o que isso possa significar, além e acima de um obscurecimento dos resultados).

Aqui, devemos voltar a algumas idéias básicas. Quando dois ou mais homens estão envolvidos em alguma atividade que inclua a distribuição de tarefas, responsabilidades, prêmio, controle sobre os recursos ou produtos, há um certo número de maneiras pelas quais o exato padrão de cooperação pode ser determinado:

1) Esses trabalhadores podem negociar entre si, até que cheguem a um acordo, cada um controlando independentemente alguns recursos. Isso é conhecido como mercado.

2) Pode haver uma estrutura de autoridade tal que um deles pode simplesmente decidir quem faz o quê, quem recebe o quê etc. Esse é o sistema de comando e administração.

3) Eles podem "dar-se" mutuamente recursos e produção, e colaborar, sem muita disputa ou comando. Uma variante dessa possibilidade, muito bem explorada pelos antropólogos, surge quando o costume prescreve uma aparentemente livre cooperação, divisão do trabalho etc.

4) Os homens talvez possam "genuinamente" dar e cooperar, sem a dominação pelo costume, inspirados pelo puro amor e por uma livre solidariedade. Presumivelmente, isso pode tornar-se possível em condições de afluência muito avançada e generalizada, ou quando a escassez torna os homens despreocupados sobre quem tem o quê, ou quando a natureza humana é suficientemente transformada para que eles não disputem bens posicionais, isto é, o tipo de vantagem relativa que deve, na natureza das coisas, permanecer escasso mesmo em condições de grande prosperidade material.

Não parece que haja outro meio de promover a cooperação entre os homens e a distribuição de bens entre eles. Pode-se começar afastando (4) como irrealista, certamente por enquanto, provavelmente para sempre. Não alcançamos esse nível de afluência, principalmente em escala global, e não há nenhum sinal, sob qualquer sistema social, do tipo de transformação da natureza humana que levaria à cooperação espontânea. Do mesmo modo, podemos afastar (3). Esse tipo não é irrealista em si mesmo, e sem dúvida pode e deve operar em pequenas comunidades íntimas e bastante estáveis. De fato, o encanto de tais comunidades está precisamente no fato de que isso é viável entre elas e, mais do que viável, é muitas vezes preferido e mais eficiente.

Efetivamente, isso deixa dois e apenas dois modos de administrar as sociedades humanas. (Os dois métodos podem, naturalmente, misturar-se.) Vamos considerar primeiro o sistema de comando.

Esse método em si mesmo é relativamente neutro. Talvez ele seja intrinsecamente mau, na medida em que seria o melhor de todos se nunca ninguém desse um comando a alguém. De qualquer forma, essa é a intuição moral central dos anarquistas. Mas é virtualmente impossível imaginar a administração de uma complexa sociedade industrial, como é pressuposta pelo padrão de vida ao qual nos acostumamos, sem o uso de instruções definidas que sejam executadas e que são impostas sob pena de sanção. No marxismo, isso é um tanto obscurecido pela doutrina que antecipa a substituição do governo de homens pela administração de coisas, mas a administração de coisas não pode deixar de incorporar alguma instrução aos homens que administram as citadas "coisas".

O que importa claramente é se o sistema é plural: há meios de controlar os que têm o poder de comando, e é o poder limitado em tempo e área etc.? Um sistema de comando no qual aqueles que exercem o mando estão sujeitos a regras, no qual as sanções que correspondem aos seus comandos são limitadas e humanas, no qual a autoridade que comanda é substituível e escolhida pelo critério da adequação, e assim por diante — esse sistema de comando pode não ser muito mau, ou de qualquer forma pode ser o melhor que possamos ter.

Um modo de definir a Sociedade Civil é apresentá-la simplesmente como a fórmula que tenta somar as características que humanizam o elemento de administração e comando na sociedade, cuja simples presença até certo ponto é inevitável. O que transformou a noção de administração e comando em uma noção pejorativa foi o fato de que ela era única, centralizada, não-plural, ideocratizada (por incluir a função ideológica e praticá-la com um espírito absolutista, atribuindo a si mesma a retidão total).

Tudo isso nos deixa a questão do lugar relativo do comando e da disputa. Se as empresas são genuinamente independentes, temos simplesmente o capitalismo de mercado sob um novo nome: as unidades independentes controlam seus próprios recursos e assim geram desigualdade de riqueza. Alternativamente, se a independência dessas empresas é limitada, uma preocupação real dos participantes só pode ser com o poder no sistema de comando (possivelmente disfarçado), e temos simplesmente uma nova variante de um centralismo burocrático. A noção híbrida e obscura de "mercado socialista" tem pouca coisa a seu favor. Ou as unidades produtoras têm uma autêntica autonomia (nesse caso, elas se comportam como no mercado), ou não têm. Uma democracia interna cosmética das empresas não afeta a questão; pode, naturalmente, ter algum mérito: a participação genuína ou teatral pode ser efetiva, ou boa para o moral. Por outro lado, a autêntica criatividade, como nas artes, nas ciências ou na erudição, é muitas vezes incompatível com uma administração por comitês: uma pessoas criativa deve ser o responsável. Se algum socialismo empresarial misto fosse possível, deveríamos admitir que os ex-iugoslavos, que durante décadas tentaram ardentemente encontrá-lo, desde o momento em que sua posição internacional intermediária lhes deu forte motivo para procurar ser os pioneiros do Terceiro Caminho, o teriam encontrado. Sem dúvida, empresas híbridas podem funcionar em alguns casos; no entanto, isso não é um tipo de solução geral, mas antes uma tentativa de proteger a piedade residual daqueles que elevaram a palavra "socialismo" a um status sagrado, e desejam que ele seja conservado no panteão dos valores, mesmo depois dos eventos da penúltima década do século XX.

Enquanto a hibridização das empresas individuais provavelmente não faz muito sentido em geral, a hibridização do conjunto da sociedade faz muito sentido. A infortunada conseqüência da queda da *Umma* marxista é que isso parece para algumas pessoas, muito incorretamente, constituir uma defesa da completa mercantilização da sociedade, um reforço do Estado mínimo e da máxima doutrina de mercado. Isso é lamentável, embora seja perfeitamente possível que uma economia mista razoável possa funcionar sob a capa de símbolos e slogans hiperliberais, com o princípio tácito de que, naturalmente, pode-se ter uma economia mista e uma íntima cooperação entre a indústria e a autoridade política, desde que se chame isso de monetarismo estrito.

Através da história humana, as sociedades tiveram de dar prioridade a considerações de manutenção da ordem e da segurança, acima de considerações de aumento de produção. De qualquer forma, elas raramente fizeram opção pela última. Em outras palavras, a organização política e religiosa em geral dominou os elementos puramente econômicos. Apenas uma vez, esse equilíbrio mudou definitivamente, sob circunstâncias excepcionalmente favoráveis; a Inglaterra do século XVIII tinha uma ótima infra-estrutura social, um equilíbrio de poder em seu governo, e assim o mercado pôde ter sua liberdade. A tecnologia era quase suficientemente poderosa para isso, mas felizmente bastante fraca para não destruir a sociedade ou seu ambiente, ou dar poder a alguém para dominar a sociedade militarmente.

Tudo isso mudou, e nunca acontecerá de novo. A moderna tecnologia é extremamente poderosa, e contém um potencial de desastre para a ecologia e para a possibilidade de terrorismo, ao gerar armas devastadoras, controláveis por pequeno número de pessoas. Ao mesmo tempo, a volumosa qualidade da infra-estrutura social torna imperativo que uma grande proporção da produção total, algo próximo da metade, passe pelas mãos das instituições políticas. A atomização da sociedade significa que a miséria dos fracos, moralmente inaceitável, não pode ser evitada por famílias ou subunidades sociais, mas apenas por instituições relativamente centrais. As economias bem-sucedidas parecem ser aquelas nas quais as unidades produtoras efetivamente autônomas coopera, informal mas intimamente, com a política. Em uma sociedade na qual o centro controla a distribuição de metade do produto, e de qualquer forma cria e controla o clima social e econômico e o ambiente, todo comércio é de fato comércio interior. É e continuará sendo uma sociedade de comércio interior, apesar das falsas afirmações e ficções legais em contrário.

Assim, no passado, as considerações políticas predominavam sobre as economias, e o lado econômico da vida simplesmente não podia ter autonomia plena — em outras palavras, uma sociedade de mercado era impossível — porque a economia era terrivelmente fraca. Evitar a fome tinha que ser — e só poderia ser — uma tarefa desempenhada politicamente, se é que isso podia ser feito. Uma liberação do controle político do mercado poderia ser catastrófica. No futuro, uma real economia de mercado será impossível precisamente pela razão oposta — porque a economia é tão terrivelmente poderosa. Os efeitos colaterais das operações econômicas, se não limitados, destruiriam tudo — o ambiente, a herança cultural, as relações humanas. Elas têm que ser politicamente limitadas, embora o controle possa ser, e provavelmente tenha que ser, disfarçado, consensual, negociado e sutil. A economia deve ser suficientemente livre para oferecer bases a instituições plurais, mas não suficientemente poderosa para destruir o nosso mundo.

Por todas essas razões, a sociedade industrial deve ser e permanecer uma economia mista, embora possa usar diferentes folclores ideológicos em suas relações públicas e para a sua auto-imagem. Mas os traços institucionais que tornam humano o seu elemento de comando são o pluralismo contido na noção de Sociedade Civil, e os seus pré-requisitos contêm a necessidade de um sistema produtor plural. Se o socialismo significa que limitações políticas são impostas à economia, então praticamente tudo, ou talvez *todas* as sociedades, sem qualificação, são socialistas. O erro do socialismo como uma fé de salvação foi a suposição de que a natureza específica desse controle social era de algum modo evidente, e manifestaria sua natureza única logo que o controle privado fosse abolido, e que tanto mais completo fosse esse controle coletivo, melhor seria. Nada está mais longe da verdade. O socialismo messiânico, que assimilava o controle da economia à salvação, teve que aprender às próprias custas: foi forçado a procurar uma teoria das deformações. Não era capaz de estabelecer realmente tal teoria. Era melhor começar tudo de novo e tentar encontrar uma forma benigna de controle político, na multidão das formas malignas (distorções). Poderia acontecer que o controle político, contrabalançado por um conjunto autônomo de unidades de produção, desse a resposta — que a Sociedade Civil é a solução.

Há infinitas formas de controle social, a maioria das quais inaceitáveis. O mérito ou demérito se refere ao *tipo* de controle, não à sua natureza. E ele não deve ser tão completo ou extremo que torne impossível para a economia a manutenção de forças que contrabalancem o Estado. Em certo sentido, ainda é verdade que "agora somos todos socialistas": porque a pergunta não é *se*, mas *que tipo* de socialismo (isto é, de controle político sobre a produção) deve haver, se deve ser completo, se deve, por sua vez, ser controlado. E a resposta deve ser que esse controle tem que evitar o desastre ecológico, ou a miséria, ou a possibilidade de chantagem; mas uma vez assegurados esses objetivos, o controle deveria ser muito menos do que completo.

23

Rumo a uma Desejável e Profana Aliança

A idade da paridade entre dois sistemas mundiais, que se estendeu de 1945 ou da aquisição pela URSS de armas nucleares até os últimos anos da década de 80, teve alguns aspectos distintos e marcantes: Foi um período de paz mundial baseado, como se disse, na Destruição Mutuamente Garantida.

Sem a ameaça nuclear, teria havido, sem dúvida, uma Terceira Guerra Mundial: havia um número de crises nas quais ambos os lados, sob condições normais, teriam se sentido convencidos de que não poderiam recuar sem desmoralizar-se, enfraquecendo assim sua própria posição irremediavelmente. O medo dessa humilhação e suas conseqüências, e a esperança de vitória, mesmo a um preço considerável, teria impelido cada lado a firmar uma posição, e, considerando-se o fato de que o outro lado teria exatamente o mesmo sentimento e que as duas posições seriam mutuamente incompatíveis, a guerra teria estourado.

As armas nucleares, todavia, mudaram tudo isso. Ambos os lados sabiam que dessa vez não haveria vencedores e que o custo da guerra seria muito maior do que qualquer ganho. As ameaças de guerra ainda tinham sentido, mas cumpri-las, não. Se alguém pode fazer ameaças críveis que impliquem seu próprio suicídio é uma boa pergunta, que muitas vezes era feita. A realidade tende a sugerir que isso é possível. De qualquer forma, o equilíbrio nuclear do poder funcionou e a paz geral foi preservada. As guerras eram feitas apenas por procuração, no Terceiro Mundo.

O sistema mundial que essa situação gerou era curioso. A guerra direta era então impossível, ou de qualquer forma estava contra os interesses daqueles que eram capazes de fazê-la sozinhos, e assim não se fazia a guerra. Mas a guerra por procuração era perfeitamente viável, e realmente ocorreu muitas vezes. Essas guerras, principalmente quando em terrenos difíceis (montanha, selva), revelaram que a tecnologia não era tão importante afinal, ou pelo menos não era decisiva, ao passo que a determinação, a capacidade de suportar condições adversas, a vontade brutal para impô-las aos amigos e inimigos, uma organização intransigente, disciplina e convicção eram muito mais importantes. O marxismo não conseguiu ser o calvinismo do Crescimento Econômico Coletivo e Emulativo (como há muito tempo eu pensei que poderia ser), mas, provou, na China e no sudeste da Ásia, que era um excelente treinamento militar, à moda prussiana. Por duas vezes na Indochina e por uma vez na Argélia e no Afeganistão (embora nos dois últimos casos sem o benefício da ideologia marxista, naturalmente), forças tecnologicamente superiores de um país desenvolvido foram derrotadas por organizações locais, ou pelos menos se esgotaram e foram induzidas a se retirar, cedendo em parte à opinião pública interna e internacional. Seus oponentes eram apoiados com provisões e, diplomaticamente, por membros do campo rival. A lição foi aprendida, e esse período conheceu o término dos impérios coloniais, de "além-mar", apesar do fato de que o equilíbrio militar do poder continuasse a promover a tecnologia avançada (como se viu nas guerras das Falklands e do Golfo), ou até a promovê-la mais do que nunca. A timidez da intervenção na ex-Iugoslávia mostra até que ponto a lição foi aprendida.

Com a aliança temporária soviético-americana, ou com o conluio que se seguiu à *perestroika*, esse sistema, qualquer que tenha sido seu valor, teve fim. Talvez estejamos presenciando a emergência de um novo tipo de ordem internacional, embora ainda não saibamos o que ela será. Certas possibilidades, entretanto, foram mostradas pela Guerra do Golfo.

Há um novo fator na situação: a direção do desenvolvimento da tecnologia militar. Os detalhes são especializados e técnicos, mas não há nenhuma dúvida quanto à tendência geral. Os sistemas de armas de alto e às vezes incontrolável poder de destruição estão ficando mais baratos, menores, mais fáceis de camuflar, estabelecer e utilizar. Até então, não estão fácil e universalmente acessíveis. Só as sociedades dotadas de sistemas industriais muito sofisticados, de uma *intelligentzia* científica competente, de adequadas demografia e base financeira podem, atualmente, adquirir e usar efetivamente essas armas terríveis. Apesar disso, a tendência geral é clara: não está muito longe o tempo em que armas pavorosas de destruição em massa ou de contaminação estarão acessíveis a muitos povos, a todos os tipos de grupos políticos governamentais ou não-governamentais, alguns destes desejando usá-las para fins de chantagem ou terrorismo. Não podemos estar certos sobre quando essas armas se tornarão fáceis de adquirir e usar, mas esse tempo não pode estar muito distante. A direção da curva dessa realização tecnológica é óbvia, e está aí para quem quiser ver.

As conseqüências políticas são evidentes. Cedo ou tarde, muito possivelmente cedo, algum grupo estará capacitado a ameaçar com, por exemplo, o desencadeamento de uma epidemia incurável, ou com um veneno geral, ou algo que provoque uma reação em cadeia. O grupo em questão pode usar essa capacidade de chantagear o resto da humanidade, para obter vantagens para si ou na busca fanática de algum objetivo ideológico. O resto da humanidade terá então que enfrentar a escolha entre a rendição e a destruição, e como a situação pode ocorrer repetidamente, no fim a destruição coletiva se torna inevitável. Durante a Guerra Fria, tivemos sorte porque a capacidade de Destruição Mútua Garantida estava nas mãos de apenas dois poderes relativamente racionais, limitados e realistas. Embora um deles fosse uma ideocracia, cuja fé lhe dizia que sua vitória era inevitável, na prática ambos os lados se inspiraram em um prudência pragmática. Não podemos esperar que teremos tanta sorte para sempre. Só o estabelecimento de uma autoridade mundial que disponha dos meios e da vontade de impedir qualquer grupo de adquirir a capacidade de praticar essa chantagem pode garantir a sobrevivência da raça humana.

É muito fácil pregar um governo mundial, e menos fácil indicar métodos realistas pelos quais esse objetivo possa ser alcançado. É fácil suspeitar que alguma guerra nuclear realmente terrível aconteça primeiro, antes que haja vontade política para criar a autoridade central que evitaria a ocorrência do desastre. Entretanto, o tipo de Internacional Mundial que se cristalizou durante os períodos que antecederam a Guerra do Golfo dá alguma esperança — seria incorreto dizer isso em termos mais enfáticos — de que a institucionalização de um controle adequado para impedir guerras catastróficas pode não estar tão longe. Em outras palavras, atualmente existe não só a necessidade de uma autoridade mundial central, mas também uma base social realista para sua emergência.

Para simplificar — a simplificação não enfraquece o argumento —, vamos supor que haja dois tipos de Estados no mundo, os desenvolvidos industrialmente e os subdesenvolvidos. Vamos tomar a segunda categoria primeiro.

Os regimes da região que se chamava habitualmente de Terceiro Mundo variam muito, mas contêm uma proporção significativa de situações verdadeiramente inaceitáveis. A razão para isso não é difícil de se encontrar. As autoridades de um Estado pré-industrial podem facilmente comprar ou receber, sob a forma de "ajuda" do seu Estado-patrão, equipamento militar e policial, que os habilita a controlar a sociedade em questão sem muita dificuldade. Os recursos locais não são "páreo" para aqueles que são fornecidos como ajuda ao Estado-cliente. Por motivos que operaram ao longo da história humana, os detentores do poder, nesses Estados, têm pouco interesse real em promover o "desenvolvimento". Seus próprios privilégios dependem do monopólio do poder no seio da sociedade, e não da produtividade do conjunto da sociedade. Alguns regimes repulsivos do Terceiro Mundo muitas vezes se assemelham a muitos Estados pré-industriais, que são opressores, brutais e exploradores. A única diferença é que essas versões contemporâneas podem tomar emprestado um equipamento de coerção de um tipo mais desenvolvido e usá-lo para dominar uma sociedade que está tecnologicamente atrasada. A desproporção de poder é assim maior do que nunca e se inclina a favor das autoridades, enquanto estas preservarem o monopólio da compra desse equipamento.

Embora essas repulsivas e pequenas ditaduras existam no Terceiro Mundo, é interessante que, em geral, elas não são muito belicosas, e não constituem grande ameaça para seus vizinhos e para a paz mundial. Isso, mais uma vez, não é acidental, mas decorre da lógica da situação. A guerra é um jogo imprevisível e em geral sem ganhadores, ou coisa pior. A perspectiva média de duas unidades combatentes não pode ser *ex hypothesi* melhor do que esta: ambas não podem vencer, e ambas podem perder. O príncipe de uma insignificante ditadura encontra-se na posição que Maquiavel descreveu para seu antecessor no Renascimento italiano: ele está em uma posição de não-vitória, porque se seus generais ganharem a batalha contra o inimigo, eles se voltarão contra o príncipe, e se perderem ou pensarem que vão perder, fugirão. Considerando-se o baixo nível de lealdade, tanto da parte dos militares quanto das populações, a guerra é um risco excessivo, e as vicissitudes de um resultado bem-sucedido para o pequeno ditador estão longe de ser tranqüilas. Além disso, ser ditador de dois pequenos principados, e não de apenas um, não é um grande avanço, e certamente a diferença não é nem de longe tão grande quanto a que existe entre ser um ditador em apenas um lugar e não sê-lo em lugar nenhum, mesmo supondo-se que se possa fugir antes de ser capturado e punido pelo regime sucessor. Não pode haver dúvidas sobre a estratégia correta: as forças armadas estão aí para serem usadas contra a oposição interna, e o conflito externo deve ser evitado tanto quanto possível. Os ganhos são improváveis, as perdas são prováveis e desastrosas.

O comportamento das pequenas ditaduras no mundo subdesenvolvido tem sido em geral de concordância com a lógica desse argumento. O mundo descolonizado conheceu algumas guerras, mas não tantas, e muito menos do que se poderia esperar. Essas guerras, da forma como ocorreram, eram, muitas vezes, não conflitos locais genuínos, mas expressões "por procuração" de confrontos mais amplos, nos quais os combatentes locais estavam apenas atuando sob instruções ou pelo menos com um forte estímulo dos seus outros patrões. Em geral, os ditadores locais, com bastante sensatez em sua própria opinião, usaram seus recursos muitas vezes exíguos para garantir adequadamente o domínio interno e limitaram suas ambições externas, aproveitando-se do fato de que seus vizinhos eram contidos por considerações similares e paralelas. Um pequeno ditador, particularmente asqueroso, que se proclamou a si mesmo imperador e usava o simbolismo adotado por Napoleão, absteve-se visivelmente, entretanto, de tentativas de expansionismo napoleônico. A desproporção de poder entre os meios de coerção comprados, importados, e o que pode ser criado localmente em oposição é tão grande que as cartas estão muito mais a favor do aparato do Estado e contra a oposição interna. (As revoluções palacianas que partem do *apparat* têm perspectivas muito melhores e realmente ocorrem.) Assim, a situação geral favorece a dominação política e a estagnação econômica.

No cômputo geral, o Terceiro Mundo não reproduziu as características belicosas, quase contínuas e virtualmente ritualizadas, do feudalismo ou de algumas sociedades tribais. Pode-se supor que a inclinação para a guerra dos barões feudais está ligada à superioridade da defesa sobre o ataque: exatamente porque cada barão está relativamente seguro dentro da sua torre, todos eles podem permitir-se o luxo, o exercício, a diversão e a afirmação de status implicados em eventuais incursões mútuas contra suas fortalezas. Depois que a safra estiver recolhida com segurança, duas tribos vizinhas podem permitir-se a batalha ritual anual, na qual há muito tiroteio alegre, e no fim da qual o resultado se parece com um desses cuidadosos jogos da Primeira Divisão, em que ambos os times usam uma tática defensiva, e o resultado é algo como 2 x 1. Isso é então posto na velha conta que as tribos têm entre si, de modo que, com o tempo, fica tudo na mesma. As armas modernas, mesmo as da variedade mais barata, são potentes demais para formas tão modestas de violência, e seus possuidores no mundo subdesenvolvido tendem a restringir seu uso ao assunto sério e essencial que é sua própria continuação no poder, contra seus rivais internos, ao invés de desperdiçá-las no luxo relativo de uma aventura externa inevitavelmente arriscada.

Assim, seria uma quimera o medo de que armas terríveis, com um real poder de chantagem, caiam em mãos irresponsáveis? Não.

Consideremos primeiramente o mundo desenvolvido, isto é, as sociedades capazes de produzir as armas mais potentes, inteiramente ou em grande parte com seus próprios recursos e sem ajuda externa. Se um poder maior que satisfaça essas características decidir chantagear o resto do mundo — vamos submetê-lo ou vamos perecer todos juntos — não há, nesse caso, *nada que possa ser feito*. É inútil discutir nesse contexto a profunda e interessante questão moral de saber se, nessa situação, seria melhor submeter-se ou resistir. O que é interessante e relevante nesse contexto é que — as boas notícias também existem — pelo menos no presente não parece provável que algum poder maior atuaria realmente dessa maneira.

Isso é completamente diferente da situação ocorrida anteriormente neste século, quando havia poderes maiores no mundo desenvolvido, que quase com certeza teriam praticado essa chantagem, caso pudessem. Atualmente, não parece mais que essa terrível ameaça seja iminente. Naturalmente, ela sempre pode voltar e não podemos ter garantias de sua futura ausência, mas exatamente agora esse horror não parece estar no nosso horizonte. Por que temos tanta sorte?

A verdade é muito relevante para nosso tema principal porque pode ser resumida assim: os poderes maiores e as sociedades que eles presidem, embora talvez não o expressem nestes termos, se converteram aos valores e às suposições associados com a idéia de Sociedade Civil. Não consideram mais a honra e a glória militar como valores em si mesmas; não apenas não se sentem ou pensam como guerreiros aristocratas, também não pensam como camponeses — claramente não identificam o poder com o latifúndio. Eles valorizam o produto, que sabem não ter relação com a força militar (nem ser inversamente relativo a ela), e com o território, ou nem mesmo com o controle direto dos recursos naturais. Valorizam o pluralismo institucional econômico e político e uma ideologia da negociação que não se absolutiza e si mesma ou sacraliza a sociedade. Assim, não irão à guerra por causa da fé, como também não irão pela terra, pela honra ou pela glória. Essa é a tendência geral dos países poderosos e desenvolvidos. Alguns deles se voltaram para essa posição há séculos; alguns foram convertidos para ela pela derrota militar, seguida de uma brilhante vitória econômica, depois de 1945; e um grupo de sociedades foi convertido para ela por uma impressionante e decisiva derrota na corrida econômica interideológica no mundo pós-1945, uma corrida cujo resultado se tornou evidente para todos nos últimos anos da década de 80.

O ano de 1989 pode ir para a história como a culminação da vitória dos valores produtivos sobre os valores rivais. O ano de 1945 testemunhou a vitória dos produtores sobre os que se apegavam a uma variante industrial dos valores da honra e da terra; o ano de 1989 testemunhou a vitória do interesse sobre uma variante industrial da fé e da salvação, sobre uma tentativa de fazer com que a virtude fosse a preocupação do Estado. A Guerra Fria revelou-se uma das guerras mais claramente decisivas na história: um lado caiu de modo humilhante e admitiu abertamente a derrota, proclamando para quem quisesse ouvir que os seus deuses eram falsos deuses, seu passado um erro total e vergonhoso. Mas a Guerra Fria era uma guerra *fria*! Ao contrário da lógica normal do conflito, o lado perdedor não se meteu em brios e não ameaçou com o suicídio coletivo — como poderia ter feito —, transformando o conflito em uma guerra violenta. A vitória econômica era suficiente e induziu o perdedor, cujo potencial militar permanecia intato e era imenso, a capitular. Talvez essa tenha sido a primeira ocasião na história em que um combate puramente econômico, não confirmado pelas formalidades ou pela honra em nenhum campo de batalha, foi totalmente decisivo. Os bons jogadores de xadrez não insultam seus adversários continuando a jogar em situações sem saída: desistem. A liderança soviética não se comportou como um perdedor vingativo nem como um samurai preocupado com a honra, continuando a lutar: desistiu. Talvez o culto ao xadrez na URSS tenha tido alguma influência benéfica...

Mas naturalmente existem, dentro desse campo dos derrotados na corrida ideológica, não apenas um mas dois grandes poderes. Suas reações à derrota são algo diferentes. Depois de algumas surpreendentes vacilações da liderança, os russos optaram por uma guinada para a liberalização, com a esperança (um tanto problemática) de que isso traria consigo o progresso econômico, ou pelo mesmo o faria possível. Enquanto a liberalização intelectual estava inquestionavelmente realizada, isso não ocorria com o sucesso econômico, e a falência econômica continua a pôr em perigo todo o experimento.

Ao contrário, a liderança chinesa, enquanto tentava efetiva e aparentemente não sem sucesso a liberalização econômica, posicionou-se firme e resolutamente contra a liberalização política, e não hesitou em usar a força e enfrentar a perda de vidas implicada na execução dessa política. Optou por uma ditadura do desenvolvimento ideologicamente oportunista, que, no interesse da estabilidade, perpetua a organização política, a disciplina, e, nominalmente, a ideologia do totalitarismo marxista. Mas é duvidoso que os chineses agora levem essa ideologia a sério: estão provavelmente influenciados pela consideração de que tentar remendar o sistema e seus pilares ideológicos pode ser catastrófico — como mostrou a experiência russa.

Naturalmente, não há sombra de dúvida sobre qual das duas atitudes é moralmente mais atraente: o esforço apaixonado por uma vida livre, combinado com inépcia econômica, que caracteriza os russos, e que é refletido pela *perestroika* e suas seqüelas, é profundamente cativante. Nenhum país teve em sua história mais autoritarismo e brutalidade do que a Rússia; nenhum país tem uma literatura que expresse tão apaixonadamente a luta pelos valores contrários. A loucura da liberalização expressa esse aspecto da Rússia. O frio cálculo chinês de que o progresso econômico deve vir primeiro e que as mudanças políticas (se é que elas devem vir) devem esperar, não é algo que aqueça o coração. É triste, mas essa pode ser, afinal, a estratégia correta: um país próspero e visivelmente em crescimento pode até liberalizar-se impunemente, enquanto a liberalização em um período de deterioração econômica e crise acabará por derrotar-se a si mesma, e até pode levar a alguma nova forma de ditadura. Ainda é cedo para julgar, e só se pode esperar que o medo pessimista se revele injustificado; mas seria errado apresentar a situação de outra forma.

Todavia, do ponto de vista da saída presente — a Sociedade Civil e a ordem internacional mundial —, é relevante que nenhuma das duas antigas pátrias da revolução se oponha realmente ao ideal da Sociedade Civil. A ex-URSS o abraçou abertamente, embora no período pós-golpe, depois de agosto de 1991, pareça estar às margens da desintegração e do colapso econômico. Não se pode dizer isso a respeito da China. A postura do seus líderes não é simpática, mas não é óbvio que eles seriam necessariamente hostis a um tácito, ou mesmo não-tácito condomínio baseado em uma aliança dos grandes poderes industriais determinados a prevenir algum tipo de chantagem militar de qualquer origem, mas exercendo apenas uma administração apenas moderada, em termos de convenções da Sociedade Civil.

Se os grandes poderes industriais parecem estar orientados nessa direção, e as pequenas ditaduras em geral não constituem uma ameaça, onde está o perigo? Os acontecimentos que levaram à Guerra do Golfo tornaram a questão clara.

Há regimes que possuem uma base tecnológico-industrial bastante ampla para adquirir, com o tempo, um verdadeiro potencial de chantagem, e que também possuem uma base social e demográfica bastante ampla para isso. O Iraque foi e é um país assim.

A motivação? Há duas possibilidades (que não se excluem mutuamente, e podem ser superpostas): o líder desse país pode estar profundamente enraizado em um desses sistemas político clientelistas, nos quais o vencedor sempre leva tudo e no qual a clemência aos oponentes, ou qualquer limitação, quando alguém tem em suas mãos o poder, é simples loucura e é profundamente desprezada. Também não é possível contar com semelhantes limitações do outro lado, e assim chega-se à autodestruição de quem as fizer. O líder em questão pode estar profundamente imbuído do machismo político que normalmente constitui a cultura dessas formas de governo. Essa, afinal, era a cultura política de muitas sociedades agrárias. Alternativamente, a sociedade em questão pode ser uma *Umma*, uma comunidade carismática, sincera e totalmente comprometida, ou cujos líderes estão comprometidos com a absoluta validade de sua visão religiosa, e com a obrigação moral de a impor por toda a parte em que isso for possível. A lei muçulmana obriga formalmente os dirigentes muçulmanos a promover a Guerra Santa para a extensão da fé a cada dez anos, no mínimo — dez anos sendo o tempo máximo permitido para uma trégua com o infiel — se as condições forem propícias e a vitória razoavelmente provável. Quem sabe quando, considerando-se o imprevisível potencial da moderna tecnologia, essa condição final e crucial pode parecer que está cumprida? Alguns desses dirigentes ignoram tranqüilamente essa obrigação e continuarão a fazer assim. Outros podem não pensar assim.

A lógica básica da Guerra do Golfo não foi que Saddam violara a lei internacional, mas que ele estava muito perto de adquirir uma posição (notadamente se conseguisse controlar totalmente a produção de petróleo na área do Golfo) na qual poderia chantagear o mundo, especialmente se seu controle da zona do petróleo fosse associado à capacidade de promover uma guerra nuclear contra inimigos distantes. Parece que ainda não nos livramos completamente disso. O que fez possível a destruição parcial dessa máquina de guerra foi a recente conversão do sistema mundial dual, de um sistema no qual dois rivais não permitiam que o outro impusesse sua vontade aos países do Terceiro Mundo, desprezando absolutamente os méritos de algum conflito específico, para um novo sistema, no qual no topo da liga técnico-industrial está uma aliança de políticas que abraçam os que anseiam eventualmente por adotar os valores da Sociedade Civil. É improvável que essa aliança inicie uma cruzada em nome da Sociedade Civil, e a imponha através do mundo, com algum novo zelo missionário ressuscitado. Todavia, é possível — e tivemos um ensaio informal disso — que surja um tipo de condomínio mundial, que se contentará em destruir chantagistas potenciais.

A significação da Guerra do Golfo pode, efetivamente, revelar-se como o primeiro passo para estabelecer uma espécie de precedente ou jurisprudência para exatamente esse tipo de governo mundial limitado, mas funcional e realista. A Internacional Informal dos Consumidores Não-Crentes, sociedades não mais comprometidas com a Honra ou a Terra, ou com a Fé Total, mas apenas com uma busca pragmática e pluralista da riqueza, não se institucionalizou como uma permanente Profana Aliança de conservadores pacifistas, nem alguém codificou a lógica subjacente a essa aliança. É pena, mas talvez isso possa ser remediado no futuro.

24

Democracia ou Sociedade Civil

A transformação da Europa Oriental, que começou em 1985, teve o seu apogeu em 1989, e depois do golpe abortado de agosto de 1991 em Moscou é com freqüência designada como processo de "democratização". Deve-se preferir essa palavra à expressão "Sociedade Civil"?

Talvez a escolha de uma simples palavra não seja tão relevante, mas afinal parece que "Sociedade Civil" é sem dúvida preferível. O defeito da palavra "democracia" é a ingenuidade do modelo que ela sugere, e que estimula os usuários a tomá-lo com seriedade. O modelo subjacente é o de uma sociedade que é fruto da vontade dos seus participantes ou membros. Essa é uma visão que faria a sociedade saudável, se na verdade expressasse, refletisse ou implementasse a vontade dos seus membros, mas patológica se essa vontade fosse superada por algum meio.

Isso, naturalmente, também é a fonte da atração que o termo exerce: a teoria construída no seu interior responde ao problema da validação. Em um mundo onde a fé no fundamento transcendental dos valores está ausente, a vontade humana parece ser seu herdeiro natural, plausível e talvez único. O que mais poderia justificar as ações sociais, a não ser o nosso consentimento? "Democracia" poderia então ser o nome da única base plausível para a autoridade social. A democracia se mostra como a única fonte possível de legitimidade política em um mundo secularizado e naturalizado.

Uma pergunta incômoda surge então: a democracia também poderia, sem uma evidente circularidade e pré-julgamento de resultados, validar a transição *de* um mundo permeado pela fé transcendental e pelas obrigações que esta supõe, um mundo no qual a vontade humana não é soberana, mas onde a retidão consiste na submissão a uma vontade mais alta, *para* um mundo que abandonou ou está abandonando esse convicção, ou não a leva a sério, e assim recai na vontade humana? Essa própria transição não pode ser validada pela "vontade humana" sem circularidade ou pré-julgamento. Cada um desses mundos se valida a si mesmo e goza do aval de seus cidadãos: e não há um terceiro que pudesse escolher entre eles.

Normalmente, as sociedades e seus mecanismos não são e não podem ser escolhidos pela vontade de seus membros. Os homens nasceram nelas e vivem no seio de instituições e na cultura de sua sociedade, que na maioria das vezes eles aceitam naturalmente, mais ou menos assim como falam em prosa. Eles são feitos pela cultura na qual vivem, e não vêm para ela completamente formados e capazes de "escolher" uma sociedade que lhes agrade. Uma cultura é um sistema de pré-julgamento. As instituições sociais e as culturas são raramente escolhidas: são nosso destino, não nossa escolha.

O modelo normativo sugerido pela idéia de democracia tem precisamente essas associações um tanto falsas. Segue que os homens são simultaneamente pré-sociais e entretanto completamente formados, capazes de decidir as opções sociais a partir do exterior. Naturalmente, os homens por vezes não gostam da maneira pela qual as coisas ocorrem na comunidade em que vivem, e de um certo modo negativo, a democracia pode ser considerada ausente quando a rejeição do natural estado de coisas pelos membros é superada por outra vontade ou ignorada. Mas, de modo geral, o modelo democrático ignora o fato de que as instituições e as culturas *precedem* as decisões, mais do que as *seguem*. Ou antes, isso é verdade quanto às alternativas fundamentais mais importantes. A democracia, como o mercado (cuja atração ideológica tem uma lógica similar), pode ser uma excelente maneira de fazer escolhas relativamente menos importantes no interior de uma estrutura geral instalada, mas não pode, logicamente e sem circularidade, ter garantida a capacidade de escolher entre estruturas sociais totais ou sistemas de valores. Ou antes: *algumas* estruturas preexistentes contêm dentro de si uma maneira "democrática" de estabelecer resultados menos importante. A inaplicabilidade do modelo democrático a resultados mais importantes não é uma questão técnica, mas *lógica*. Não é que os resultados mais importantes sejam menos bem tratados por esse método; antes, não faz sentido pensar neles tratados dessa forma. Nossa cultura nos dá nossa identidade: assim, *quem exatamente* deve escolher uma cultura, quando ainda não há pessoa, não há identidade, visão ou conjunto de valores, que possam fazer a escolha?

O modelo *Mayflower*, aplicável à situação na qual migrantes ideológicos, intelectualmente sérios, conscientes e lúcidos, discutem e redigem o contrato social para uma comunidade que estão a ponto de estabelecer, é pouco comum, embora ocorra algumas vezes. Mas mesmo, ou especialmente quando isso ocorre, é precisamente porque o consenso moral entre os membros desse tipo de comunidade já existe. Ele precede um ato coletivo de vontade, mais do que é criado por esse ato. Ele é possível só porque uma cultura já formou, efetivamente, a assembléia constituinte da nova sociedade, e deu aos seus membros a vontade e os conceitos para fazê-lo. Longe de ser um material humano bruto pré-social, os Pilgrims estavam completamente formados moralmente. Foi exatamente isso que trouxe o sucesso para o seu empreendimento.

As formulações ingênuas do ideal democrático o destacam de suas condições institucionais e culturais, e tendem implicitamente e sugerir que ele é válido para a humanidade como tal. Na verdade, é altamente duvidoso que a democracia esteja de alguma forma enraizada na natureza humana. O homem é realmente um animal social e precisa da comunidade: as comunidades, se quiserem sobreviver, necessitam geralmente de um sistema de papéis e posições sociais. Estes nem sempre (ou na maioria dos casos) são igualitários, e não dão geralmente a todos os membros da comunidade um peso igual na tomada de decisões. As sociedades e as comunidades são dotadas de uma estrutura de papéis, e em muitas circunstâncias, isso não é democrático, para o melhor e para o pior. Podemos lamentá-lo, mas esse fato existe. A sociedade faz os homens, mas em geral os homens não escolhem sua sociedade. Nem a *escolha* nem a *igualdade* implicadas pela noção de "democracia" são inerentes ao espírito humano ou às condições sociais.

Embora não sendo inerente à natureza humana, a democracia tem algum tipo de afinidade com a condição na qual nos encontramos. Uma sociedade comprometida com o crescimento, e conseqüentemente com a instabilidade ocupacional, também está comprometida com um igualitarismo básico: ela está impedida de usar um recurso que é muito difundido entre as sociedades, isto é, a permanente e obrigatória divisão dos membros da sociedades em categorias de pessoas nitidamente separadas, com diferentes direitos e deveres, as quais também internalizam profundamente seu status como membros dessa ou daquela categoria. Esse recurso, que é normalmente uma grande ajuda para o funcionamento das sociedades, dotando-as de estabilidade e estimulando a aceitação por parte de seus membros, não pode ser usado entre nós, ou, caso seja tentado, seu uso leva a grande perturbação e tensão. O único esforço violento e declarado de estabelecer um sistema de castas sob condições modernas, o *apartheid* da África do Sul, falhou completamente.

Mais uma vez, não é fácil para esse tipo de sociedade ser uma *Umma*, uma ideocracia. Uma sociedade ligada a uma tecnologia em expansão, e, por isso, a uma base cognitiva em expansão, não pode absolutizar ou congelar sua percepção do mundo. Essa sociedade adquire um sentido da independência da verdade natural em relação à sociedade e suas exigências, e é difícil para ela levar realmente a sério a idéia de uma definitiva e final revelação. Sua sofisticação quanto às conceitualizações alternativas da mesma matéria, e o seu sentido de separabilidade dos resultados, fazem com que seja difícil ou impossível adotar uma visão que traz consigo uma atribuição autoritária de direitos e deveres, e a defesa de tais atribuições. A idéia da Administração do universo praticando o favoritismo cognitivo e o nepotismo entre a sua própria criação — o que é o significado da idéia de Revelação — é moralmente repugnante em uma sociedade cuja constituição tacitamente estabelecida proclama o acesso igual e simétrico à verdade. Uma certa dose de secularização, ou pelo menos um equilíbrio entre a busca séria e as fórmulas rituais é exigida por ela. Uma versão secular da Revelação oferecida pelo marxismo se saiu até pior do que as religiões tradicionais, abertamente transcendentais. O marxismo caiu completamente com uma rapidez sem precedentes na história intelectual da humanidade, e, ao contrário das religiões no sentido literal, parece que não deixou quase nenhuma saudade nos espíritos daqueles que foram tão sistemática e inteiramente dominados por ele. "Uma vez católico... " não é a mesma coisa que "Uma vez comunista...". Exatamente o contrário: os ex-bolcheviques são os mais apaixonados e empenhados bolchófobos. Os bolcheviques não repetiram o feito dos jesuítas, por mais que tenham tentado.

Essa sociedade precisa de pluralismo econômico para ter eficiência produtiva, e precisa de pluralismo social e político para contrabalançar as tendências excessivas para o centralismo. Mas, acima de tudo, ela usa o pluralismo social e político, mas um tipo especial, modular, *ad hoc*, que não sufoca a individualidade, enquanto, ao mesmo tempo, atua como uma força que contrabalança o centro. O governo da maioria ou as instituições representativas que simbolizam a igualdade dos cidadãos através da regra "um homem, um voto" são uma importante contribuição para isso tudo, embora não sejam a sua verdadeira essência. O que é essencial é a ausência de monopólio ideológico ou institucional: nenhuma doutrina é elevada à sacralidade e unicamente ligada à ordem social. As posições de poder não são vitalícias, como não o são todas as outras, e não recebem incomensuráveis e nem mesmo muito grandes remunerações.

Os teóricos da democracia que operam no abstrato, sem referências às condições sociais concretas, terminam a defesa da democracia como um ideal geral, mas são então obrigados a admitir que em muitas sociedades esse ideal não é realizável. Terminam com um ideal, universalmente defendido de forma um tanto estranha, mas que ao mesmo tempo é completamente irrelevante para muitos, provavelmente a grande maioria das sociedades, porque é inacessível para elas. Não seria melhor incluir os pré-requisitos na idéia da ordem desejada, e operar com algo realista, ao invés de algo absurdamente abstrato? O modelo abstrato incidentalmente supõe um tipo de homem (o individualista moderno, com perspectivas seculares) e trata-o erroneamente como o homem-em-geral. Faz-se primeiro uma defesa abstrata, tratada como universalmente válida; então admite-se que, infelizmente, o ideal universal não pode ser implementado na maioria das circunstâncias que couberam à humanidade. Um curioso tipo de validade... Não seria melhor declarar as condições que fazem com que esse ideal seja viável, ou talvez até obrigatório, e partir desse ponto? A "Sociedade Civil" é uma idéia mais realista, que especifica e inclui suas próprias condições, ao invés de as supor antecipadamente, declarando-se depois indisponível para a maior parte da humanidade, já que os pré-requisitos adequados estão ausentes...

Assim, embora a "democracia" esteja realmente envolvida, o que realmente importa são as instituições e o contexto social que fazem com que ela seja possível e preferível. Sem esses pré-requisitos institucionais, a "democracia" não é muito clara nem viável. Se a palavra é simplesmente usada como um código para esse conjunto de instituições, então naturalmente não há mal nenhum. Porque enfatiza esses pré-requisitos institucionais e o necessário contexto histórico, "Sociedade Civil" é provavelmente um slogan melhor e mais esclarecedor do que "democracia".

25

Panorama Histórico

Há uma grande variedade de modos pelos quais os seres humanos podem organizar sua existência social. Evidentemente, durante muito tempo, eles viveram em pequenas comunidades íntimas, dentro das quais a tecnologia continuava simples e a divisão do trabalho não era muito acentuada. Uma generalização que pode ser feita sobre essas comunidades é a seguinte: nelas, o problema da manutenção da ordem e a segurança prevalecia sobre o desejo de aumentar a produção, mesmo se — o que é intrinsecamente improvável — a idéia de um progresso radical e contínuo das condições materiais estivesse presente. Essas pequenas comunidades podiam ser mais ou menos igualitárias, mas eram geralmente participativas, pois a divisão do trabalho político também não podia atingir aquele nível em que se pode falar da exclusão de uma larga proporção da comunidade da sua vida política. Assim, nesse sentido restrito, essas comunidades eram democráticas. Pode-se afirmar isso, já que elas simplesmente não possuíam a capacidade organizacional para serem radical e excessivamente desigualitárias.

Essa forma de organização podia alcançar certos níveis de complexidade. Também podia, finalmente, ser suplementada por um tipo diferente de forma de governo, por grandes unidades. Estas poderiam ser constituídas de elementos comunais, como quando a autoridade central é um tipo de família ou clã poderosos, ou poderiam adquirir uma organização burocrática distinta das organizações comunais. Um sistema de postos poderia surgir, independente de qualquer comunidade, preenchido a partir do centro, e persistindo através do tempo, mesmo quando o seu ocupante mudasse.

A vida religiosa e cognitiva dessas sociedades está ligada, por um lado, a questões práticas, e por outro, à atividade ritual. O ritual fundamenta e reforça os papéis sociais. A sociedade e a religião, embora possam tornar-se distintas, permanecem estreitamente ligadas. Entretanto, uma mudança mais importante advém durante a época que alguns escritores chamaram de Idade Axial: o transcendente torna-se consciente de si mesmo como tal, e se desconecta do social, ou talvez fosse melhor dizer, de qualquer forma particular do social.

Uma razão para isso poderia ser o fato de que o uso da escrita faz com que seja possível e tentador codificar a doutrina independentemente de qualquer pessoal ou ritual específico. Escrever dá às idéias uma existência independente, platônica. A noção de que as idéias existem independentemente se torna plausível apenas se elas existem independentemente do contexto, e isso é um presente dado a elas pela escrita. Uma idéia que é escrita adquire uma existência independente da autoridade ou da identidade do falante, que pode até permanecer desconhecido. A escrita constitui a infra-estrutura do platonismo. Em segundo lugar, a urbanização cria muitas vezes populações que vivem em condições desorganizadas, que, em caso de calamidade, não podem mais se voltar para seu segmento comunal — que simplesmente pode não estar disponível —, mas, ao invés disso, podem ser recebidas em uma promessa de salvação geral, aberta para todos, de recompensa, neste ou em outro mundo.

Essas condições geram um novo tipo de religião, que é geralmente chamada de religião mundial. Há religiões que estão a meio caminho de se tornarem crenças mundiais. O judaísmo tem uma divindade universal, mas continuou ligado a um grupo étnico. O hinduísmo é dotado de uma doutrina escrita, mas é encarnado em uma organização comunal socialmente específica, sem a qual ele é impensável. Mas algumas religiões, especialmente em sua versão mais alta (oposta à versão popular), têm seu centro de gravidade em uma mensagem, mais do que em uma comunidade ou instituição. Estão ligadas a uma doutrina ou a um determinado ponto da revelação, mas não estão ligadas a nenhum grupo étnico ou organização política, ou a algum sistema político preexistente — embora possam estar ligadas a uma organização que elas próprias estabelecem. Na medida em que seu centro de gravidade está na doutrina que oferece a salvação, elas tendem a codificar a doutrina, e podem criar um sentido da importância dos limites entre a ortodoxia e a heresia, a fé, a dúvida e a fé rival. A religião cessa de definir os limites das comunidades e define os limites da verdade.

Com tudo isso, um novo tipo de sociedade se torna possível — uma *Umma*, ou uma ideocracia. Essa é a sociedade que tenta implementar um modelo abstrato que ele afirma ser imperativo, um ideal que tem uma existência independente na escrita. Se uma sociedade é realmente definida pela sua fé, o limite da aceitação da doutrina se torna o limite da comunidade. A sociedade é então a sombra da sua fé; e temos uma *Umma*. Essas sociedades foram muitas vezes consideradas teocracias, mas é útil empregar um termo mais amplo, que encerra o fato de que a idéia que está sendo implementada pode ser, mas nem sempre precisa ser, teísta. Muitas vezes encontram-se formas mistas, isto é, esforços parciais para implementar ideais abstratos, normativos, coexistindo em algum tipo de negociação com organizações e práticas comunais mais mundanas. O elemento platônico ou ideocrático, a imposição de um modelo abstrato sobre a carne social, compete com a tendência oposta, a necessidade de organização social concreta para expressar-se no ritual.

A generalização de David Hume, de que a organização comunal com seus sacerdotes é mais favorável à liberdade do que as sociedades inspiradas e baseadas no entusiasmo doutrinário, só é válida se se interpreta a palavra "liberdade" em um sentido que a faz compatível com o grande ritual e com as obrigações comunais que permeiam, por exemplo, o mundo da Antigüidade Clássica. Mas essa não é a nossa liberdade. Mais esclarecimentos podem talvez ser obtidos da outra generalização de Hume (por ironia, diametralmente oposta à primeira), segundo a qual foi um tipo particular de *Umma*, isto é, a que se ergueu no noroeste da Europa pelos puritanos entusiastas, que finalmente escolheu a liberdade. (Embora Hume não tenha dito isso, ela foi reproduzida com notáveis efeitos a longo prazo do outro lado do Atlântico, inicialmente até sem o benefício do industrialismo, como foi documentado por Tocqueville, não muito depois de Hume.) Foi esse tipo de sociedade que realmente produziu o tipo de liberdade que agora valorizamos, a modularidade que está na base da Sociedade Civil.

É nesse ponto que se torna possível falar de Sociedade Civil. O que importa não é apenas a separação do social e do econômico, mas o equilíbrio do poder entre os dois. O Estado otomano estava perfeitamente consciente da distinção entre os produtores e os mantenedores da ordem, e o mesmo é verdade sobre os Estados muçulmanos em geral, mas seria difícil dizer que eles vivem em uma Sociedade Civil. Nesses tipos de sociedade está mais do que claro quem é o patrão. O que distingue a Sociedade Civil (usando esse termo para descrever a sociedade inteira), ou uma sociedade *que contenha* a Sociedade Civil (no sentido mais estrito), das outras é que *não está claro* quem é o patrão. A Sociedade Civil pode controlar o Estado e opor-se a ele. Não está submissa a ele. De acordo com seu crítico mais influente, Karl Marx, na verdade é a Sociedade Civil que é o patrão, e o poder do Estado, ou mesmo sua independência, é uma simples fachada, uma impostura. Este é o sentido mais amplo do termo Sociedade Civil: refere-se a uma sociedade total, no seio da qual as instituições não-políticas não são dominadas pelas instituições políticas, e também não sufocam os indivíduos.

Como poderia um grupo ou massa de pessoas que, *ex hypothesi*, abandonaram suas armas brancas (se é que as tiveram), contrabalançar uma instituição que, por definição, monopoliza mais ou menos as armas e o hábito de usá-las? Que luta poderia haver entre tais adversários, um tão bem equipado e treinado, outro sem equipamento nem treinamento? Poderia haver a menor dúvida sobre o resultado do combate? Que absurdo é esse? Como pode alguém fazer seriamente essa pergunta?

Bem, a pergunta não é absurda, e a resposta não é óbvia. Por acaso, no mundo anglo-saxão, a sociedade derrotou o Estado não uma vez, mas duas, em dois séculos sucessivos, em duas guerras civis cheias de conseqüências para a história humana. Foram os *Roundheads* que venceram a guerra civil, e foram os americanos que venceram a guerra da independência. A sociedade derrotou o Estado, o especialista por excelência em violência, em guerra.

Pode-se responder à pergunta apenas parcialmente, em termos da tecnologia militar do tempo. Nos séculos XVII e XVIII, o equipamento improvisado pela população civil, que se rebelava em defesa de seus direitos, não era inferior, ou era muito pouco inferior, àquele de que as forças centrais dispunham. Nestes últimos anos do século XX, o poder das armas do exército central é tão terrível que só pode ser usado por uma inominável crueldade e por autoridades brutais, se confrontadas com oposição coesa e generalizada. Mas esse poder é incomparavelmente maior do que qualquer coisa que a maioria das sociedades possam improvisar. Ele é limitado mas montanhas e na selva, como ficou demonstrado na Indochina, no Afeganistão e na Argélia. Para ser vulnerável às armas da civilização, é preciso ser dotado de uma infra-estrutura civilizada...

Mas há uma resposta mais geral. O Estado ainda pode vencer, como é plausível em muitos casos, e muitas vezes o fez em confronto direto. Mas, em um mundo com múltiplos Estados, cada vez mais sujeito ao que pode ser chamado de crescimento econômico rastejante, a vitória é uma vitória de Pirro. Os poderes do centralismo, a hierarquia, a fé, uma sociedade integrada, conquistaram duas grandes, embora temporárias, vitórias na história européia — a Contra-Reforma e o comunismo — e ambas foram catastróficas para as sociedades em que essas vitórias ocorreram. Mas foi a vitória da Contra-Reforma no sul da Europa, e a outra a vitória do bolchevismo no Leste europeu. Levou-se muito mais tempo para romper a estagnação induzida pelos jesuítas do que para desfazer o trabalho dos leninistas: a história e o crescimento econômico as aceleraram e as coisas se movem mais rapidamente no século XX do que no XVII ou no XIX. Mas o padrão é o mesmo: se o Estado derrota e destrói ou subjuga a Sociedade Civil, em um mundo plural mais amplo, no qual o poder nacional e o seu crescimento importam muito, a sociedade em geral paga o preço, e afinal tem que corrigir e reverter a vitória desastrosa, à procura de uma recuperação econômica. A primeira recuperação afinal funcionou, depois de um começo dúbio: em fins do século XX, o sul da Europa escapou da Contra-Reforma.

Um contraste contido na idéia de Sociedade Civil é aquele entre as atividades econômicas e sociais, por um lado, e as atividades centralizadas de manutenção da ordem, por outro. O outro contraste ocorre em outro nível mais geral, e é aquele entre as sociedades nas quais essa separação sem subordinação pode ocorrer e aquelas nas quais não existe essa separação. Ela não pode ocorrer em sociedades nas quais a estrutura de poder e a estrutura comunal são, de qualquer forma, mais ou menos idênticas; e não pode ocorrer em impérios despóticos nos quais o mero poder governa as comunidades; nem pode ocorrer em sociedades nas quais a posição econômica e a posição política coincidem. Não pode ocorrer em sociedades como as que foram descritas por Ibn Khaldun, nas quais o setor produtivo da sociedade é realmente distinto do político, mas é atomizado, impotente e submisso. Não pode ocorrer em uma *Umma*, em que a única e exclusiva sacralização de uma fé torna o pluralismo impossível.

Mas, antes que a idéia de Sociedade Civil possa fazer a transição de uma ferramenta um tanto empoeirada de análise acadêmica para um slogan político realmente mobilizador, poderoso e influente, algo mais tem que acontecer. A Sociedade Civil, anteriormente contrastada com várias formas de outras sociedades tribais, comunais, feudais, orientais e outras, também tem que assumir um novo e mortal contraste — com uma *Umma* secular, e além disso césaro-papista-mamonista, inspirada em uma doutrina que, a pretexto de abolir o político e de sacralizar e libertar o econômico, na verdade unificou e centralizou o político, o econômico e o ideológico. Assim, expandiu esse monopólio de coerção e comando, que é, de qualquer forma, intrínseco à organização política em condições modernas, até a esfera econômica. Foi essa experiência desastrosa que levou esse slogan para o reino dos ideais políticos luminosos.

26

Perspectivas Futuras

Quais são as perspectivas desse tipo de ordem social?

A primeira coisa a se notar é que o mecanismo de seleção natural que atuou em seu favor tão dramática e conclusivamente no passado não funciona mais para ela, ou pelo menos não apenas para ela. Tanto a Contra-Reforma quanto o bolchevismo foram severamente punidos: cada um deles tinha, à sua própria maneira, estabelecido uma sociedade hierárquica, ideocrática, incapaz de uma competição econômica muito eficaz, e cada um deles, no devido tempo, sofreu severamente as conseqüências. Mas, no século XX, surgiu o desejo de uma orientação produtiva tecnologicamente sofisticada, e sociedades cujo instinto mais profundo fora, no passado, rejeitar as inovações, por mais eficientes que fossem, no interesse de proteger a estabilidade social, não mais o fizeram. Pelo contrário, muitas delas estão plenamente conscientes de que só com a inovação tecnológica, e por ela, e com os benefícios econômicos que ela traz, elas se poderão manter na condição com a qual desejam acostumar-se — e na verdade manter sua estabilidade social e suas próprias tradições, que de outra forma seriam solapadas por uma superioridade alienígena.

Assim sendo, podemos observar, especialmente no leste da Ásia, sociedades cuja atuação econômica é brilhante, que adotaram a nova tecnologia e alguns dos seus acompanhamentos organizacionais, mas que se revestem de um espírito que não é individualista, que não tem muito em comum com o *ethos* social modular da Sociedade Civil ocidental — e que, tanto quanto se possa afirmar, não se importam muito com isso. Além do mais, isso não impede necessariamente a sua atuação econômica. Outrora, defendeu-se um truísmo na sociologia da sociedade industrial de que ela exigia um mercado de trabalho flexível e móvel, e que ela era incompatível com a segurança oferecida pelo paternalismo. Os japoneses já tinham refutado isso, possuindo uma brilhante economia, cujas empresas são conhecidas por seus aspectos "feudais" ou comunais, pelo modo com que garantem um segurança vitalícia, respeitam os mais velhos e a hierarquia, e assim por diante.

Qualquer que tenha sido a verdade sobre o primeiro industrialismo, parece que o industrialismo tardio é compatível com o sentido virtualmente feudal de lealdade e hierarquia. Parece que, uma vez adequadamente apreciado o grande potencial de produção de riquezas da nova tecnologia, as culturas que são intrinsecamente conservadoras, holísticas e tradicionalistas, apesar disso superam sua aversão a algo que traz tanto dinheiro, e podem adaptar-se muito bem.

O próprio individualismo também pode se tornar supérfluo diante das possibilidades de que recompensas para as empresas inovadoras se tornem amplamente reconhecidas e aceitas até por coletividades inteiras. O dinamismo econômico é incompatível com a centralização total de tipo bolchevique: pode ser compatível com um espírito mais frouxo, plural, mas fortemente comunal. Se for assim, a difusão da Sociedade Civil (isto é, individualista, modular) não será mais apoiada por uma variante econômica da seleção natural... Ela pode ter realmente eliminado a *Umma* bolchevique, mas não elimina as formas sociais que provaram ser capazes de aceitar os novos processos produtivos, e muitas vezes o fazem melhor do que aquelas que os iniciaram. O bolchevismo foi destruído não só por seu fracasso ao tentar sobrepujar o capitalismo ocidental, mas também pela conscientização de que outros povos (isto é, os do leste da Ásia) eram capazes de fazê-lo. Na ex-URSS, a consciência de que o capitalismo ocidental estava sendo realmente sobrepujado, mas não pelo marxismo, foi um fator significativo no abandono final da fé comunista. Atualmente, a seleção social inclina-se para o bom desempenho econômico: ainda não está claro até que ponto o liberalismo e a Sociedade Civil podem continuar a vir a reboque do sucesso econômico.

Assim, parece perfeitamente possível fazer funcionar uma moderna sociedade industrial bem-sucedida, permeada de um espírito comunal ou familiar, com um Estado autoritário presidindo-a. Nem a falta de liberdade política e intelectual, a falta de liberdade social, nem a perpetuação do espírito de família confucionista parecem capazes de inibir o desempenho econômico. Se gostamos disso ou não, o anjo fatal que dita a morte para a ineficiência econômica nem sempre está a serviço da liberdade. Certa vez, ele prestou algum serviço à liberdade, mas não parece estar permanentemente ao seu comando. Isso pode entristecer aqueles de nós que são liberais e gostariam de ter um aliado tão poderoso — mas é melhor encarar os fatos.

A questão das sociedades muçulmanas já foi notada. O que é interessante, no caso delas, não é uma atuação econômica excepcional — essa atuação é medíocre, nem brilhante nem catastrófica, e é difícil dizer o que acontecerá com a exaustão das reservas de petróleo — mas o fato de que, como resultado do impacto da modernização, elas estão a ponto de impor uma *Umma*, na qual uma religião pré-industrial se beneficia com as condições trazidas pela industrialização. O apego às Escrituras sagradas, a generalizada regulamentação e o puritanismo, a regulamentação, mas não a sacramentalização da vida econômica, o monoteísmo, o ritualismo restrito e o individualismo religioso, embora não político, de alguma forma produziram uma religião mundial que, até agora, resiste à secularização, e tende cada vez mais a dominar as formas de governo em que representa a maioria. Naturalmente, há o caso curioso da Turquia, onde as massas parecem tomar parte nessa tendência, mas há uma Sociedade Civil plural imposta por uma elite militar e política, comprometida com uma posição secular, como parte da herança kemalista, da qual é um consciente e por vezes feroz guardião. Inicialmente, adotou essa posição, como uma suposta chave para a modernidade e para a igualdade política e militar com o mundo desenvolvido, e, com a mais determinada obstinação, aferrou-se a essa associação. Isso levou a um novo e curioso sistema cíclico: a implementação da democracia leva a uma vitória das tendências pró-religiosas, que violam os princípios kemalistas e provocam um golpe corretivo. Depois de pôr ordem na casa, os generais se retiram, restauram a democracia e o ciclo continua.

No plano da cena internacional, as perspectivas para uma Sociedade Civil são moderadamente boas, sem, ao mesmo tempo, oferecer campo para uma excessiva satisfação. Os poderes industriais mais importantes são seus adeptos ou se convertem a ela, seja por uma longa tradição (as democracia do Atlântico), ou por derrota militar (as nações militaristas românticas, que aprenderam que o poder deve ser mais garantido pelo comércio e pela produção do que pela espada), ou pela derrota econômica (o césaro-papismo marxista). A aliança informal dos superpoderes tirada dessa categoria geral, embora heterogênea, pode dominar facilmente o mundo, e, enquanto não for desfeita, coibir as tentativas de chantagem ou de conquista de uma posição a partir da qual a chantagem fosse possível. Elas poderão viver com as formas de governo que não compartilham o espírito da Sociedade Civil, enquanto elas próprias detiverem essa dominação e essa coesão mínima, e enquanto o mais recente grupo de industriais eficientes continuar a se interessar pela riqueza, e não por outra coisa.

27

Problemas Internos

Os problemas das sociedades que estão agora ansiosas por estabelecer uma Sociedade Civil a partir de uma decisão de cima para baixo foram discutidos, embora não adequadamente. Tudo o que se pode fazer é repetir que a realização, no espaço de alguns anos, de algo que levou anos de crescimento lento e ocasionalmente turbulento e penoso, não pode ser fácil — mesmo que se possa encontrar estímulo no fato de que existe realmente um anseio forte e difundido pela obtenção dessa condição. O que parece ter acontecido quase que por acaso no Ocidente, através da inibição de uma *Umma* de entusiastas, pode ocorrer no leste da Europa, através de um esforço positivo. Uma *Umma*-por-decreto secular fracassou de maneira dramática e indubitável: uma negociação concebida de modo similar pode ter sucesso.

A Sociedade Civil também enfrenta problemas nos locais em que está firmemente estabelecida. A observação de Montesquieu de que a tirania se baseia nos vícios humanos e a liberdade nas virtudes humanas é muitas vezes citada. O fato de que ela não depende exclusivamente das virtudes humanas é sem dúvida algo que aumenta as perspectivas da Sociedade Civil. Ela também encontra apoio nas características humanas que são relativamente neutras, como o consumismo, a capacidade de rotinizar e de não levar as convicções religiosas demasiadamente a sério, e outras do mesmo gênero. Mandeville, assim como Montesquieu, faz uma observação relevante: alguns vícios privados são virtudes públicas, e a Sociedade Civil pode encontrar apoio neles. Entretanto, esta exige pelo menos um certo grau de virtude, e Fred Hirsch,[1] por exemplo, ou anteriormente David Riesman[2] e W.H. Whyte[3] argumentaram que uma parte do áspero individualismo que subjaz a uma ordem social modular está desaparecendo rapidamente. Pode ser o caso. Por outro lado, também se podem aceitar os argumentos weberianos de que as virtudes que surgem apenas inicialmente como subprodutos de convicções religiosas bizarras, porque seus efeitos benéficos não são conhecidos nem previstos, apesar disso se tornam formadoras de hábitos e são perpetuadas, depois que seu lugar em uma economia moderna tenha sido adequada e amplamente compreendido.

Também há outra questão interessante; se, e até que ponto, a Sociedade Civil depende da dedicação ao crescimento econômico e conseqüentemente a uma estrutura ocupacional e social estável, com tudo o que isso acarreta (e acarreta muita coisa). O crescimento econômico pode continuar para sempre? Se ele cessar, a Sociedade Civil poderá sobreviver?

Não há razão para supor que as inovações técnicas cessem algum dia. Todavia, é muito plausível supor que não está muito longe o tempo em que as inovações futuras produzirão apenas um impacto muito moderado no bem-estar humano, ou até poderão produzir um impacto adverso. À medida que esse tempo se aproxima, o conflito deve, inevitavelmente, desviar-se da competição por bens materiais para a competição por "bens posicionais", na expressão de Fred Hirsch. Nas sociedades industriais mais afluentes, pelo menos nas camadas mais abastadas, a preocupação com bens materiais tende, efetivamente, a tornar-se uma preocupação oculta com bens posicionais, isto é, com o status relativo. Os bens posicionais são, *ex hypothesi*, limitados, e não podem ser aumentados por um crescimento do produto material.

Hábeis manipulações da ilusão podem aumentar um pouco as reservas de satisfação posicional. Por exemplo, participei uma vez de um debate acadêmico, no qual eu estava certo de ter vencido, fato que me deu e ainda dá certo prazer. Descobri posteriormente que meu adversário também estava convencido de que *ele* tinha ganho o debate, e isso também lhe dava prazer. Talvez nós dois não pudéssemos ter razão, mas ambos podíamos estar felizes, e assim a ilusão aumentava a soma total de felicidade humana. Até certo ponto, as sociedades poderiam institucionalizar esse tipo de ilusão: os jogadores de tênis, por exemplo, poderiam ser estimulados a acreditar que só a excelência nesse jogo poderia fazer com que um homem fosse realmente admirável, enquanto os intelectuais pensariam a mesma coisa sobre a erudição, os dom-juans sobre a conquista sexual, e assim por diante. Desse modo, multidões de pessoas podem pensar que apenas elas e seu grupo pertencem à elite social, e ficar indiferentes ao fato de que, por critérios que parecem supremos a outras, sua posição social é medíocre. Até certo ponto, a Sociedade Civil, com sua multiplicidade, não só de atividades, mas também de padrões de excelência, promove realmente — e esse é um dos seus encantos — esse sistema de ilusões, que permite a muitas pessoas acreditarem que estão no topo da escada, porque há tantas escadas independentes, e cada pessoa pode pensar que a escada na qual está é a que realmente importa.

Apesar de tudo, certamente há limites para a satisfação geral que as ilusões podem gerar. Durante séculos, as sociedades liberais dependeram do crescimento para legitimar-se, embora só se tenha reconhecido esse fato recentemente. Quando o crescimento deixa de ser a base da legitimidade, e quando a mobilidade deixa de ser um imperativo imposto pela busca do crescimento, é muito possível que a sociedade volte para a condição que caracterizou muitas sociedades, sobretudo as mais complexas — um sistema hierárquico no qual o status está profundamente internalizado, e permeia toda uma série de atividades. Sem crescimento, a mobilidade é um arriscado jogo sem saída, no qual o ganho de alguém é contrabalançado pela perda do outro. No total, não se ganha muita coisa, e a instabilidade é o preço. A isso, deve-se acrescentar a consideração de que, em uma sociedade móvel, cada indivíduo pode se sentir inseguro. Uma sociedade de status pode dar segurança e recuperar o sentimento de que a sociedade constitui uma ordem moral, algo que foi tentado sem sucesso pela *Umma* marxista. Se isso pode acontecer em uma sociedade baseada em uma tecnologia altamente sofisticada e num alto padrão de vida, é algo que resta ver. Não é uma possibilidade que se possa ignorar, e, se realmente acontecer, então a Sociedade Civil poderá desaparecer mais uma vez e ser substituída por uma rígida ordem de status.

28

O Leque de Opções

Se operarmos, inicialmente, com duas variáveis binárias, temos um quadro dois a dois. As variáveis são: 1) se a economia é ou não separada da forma de governo; 2) se a coerção é ou não centralizada.

	Ordem social básica	
	Coerção difusa	*Coerção concentrada*
Economia subordinada	Sociedade segmentária ESTÁVEL, COMUM	Tradicional, centralizada, Estado autoritário. CÍCLICA, ESTÁVEL, COMUM
Economia separada e com alta prioridade	Cidade-estado comercial INSTÁVEL	Sociedade Civil

A fusão dos dois aspectos da vida, acrescida da primazia das considerações políticas, nos dá algo como as sociedades segmentárias dos antropólogos. Nelas, as unidades sociais são ao mesmo tempo unidades produtivas, mas a sua defesa e a manutenção da ordem interna predominam absolutamente sobre as considerações econômicas. Ao contrário, a fusão similar dos dois aspectos, mas com uma importância maior dada às atividades econômicas, nos dá a Cidade-estado comercial tradicional. Em terceiro lugar, a separação dos dois aspectos da vida, com a predominância da forma de governo, nos dá o Estado autoritário tradicional, tolerando um setor econômico distinto e especializado, mas controlando-o firmemente. A separação entre os dois, mas com a economia não apenas independente, porém realmente predominante, tratando a forma de governo como seu servidor, que lhe deve prestar contas, é a Sociedade Civil. O marxismo afirmava desdenhosamente que o Estado burguês era apenas uma espécie de comitê executivo da burguesia; que isso tenha sido possível é talvez a maior realização social da humanidade.

A Sociedade Civil deveria considerar esse insulto marxista como sua maior condecoração. A domesticação do poder, sua redução a um instrumento a ser julgado por sua eficiência e utilidade, e não lhe permitindo ser um patrão — isso é talvez o maior triunfo da humanidade. Os marxistas pensavam que podiam substituir o domínio do elemento produtivo na Sociedade Civil por uma autêntica comunidade: o que realmente conseguiram, e tudo o que pôde ser conseguido com seus métodos, foi a volta ao governo de coerção. O marxismo ensinara os homens a pensar nos termos de uma polaridade errônea — o contraste entre o individualismo e o comunalismo. A oposição realmente relevante está entre o governo dos coatores e o governo dos produtores. O marxismo simplesmente restabeleceu o governo de coerção em nome do coletivismo.

Dos quatro tipos, dois — as sociedades segmentárias e os Estados autoritários — são organismos resistentes, encontrados por todo o globo e em uma ampla variedade de períodos. Ao contrário, as Cidades-estados comerciais são brilhantes, mas altamente instáveis e raramente sobrevivem por muito tempo. Foram marcadas pelo conflito de classes que o marxismo dizia ser a condição geral de *todas* as sociedades humanas, exceto para a primeira e para a última. E a última das nossas quatro formas sociais, a Sociedade Civil, até agora só existiu uma vez, mas parece atualmente que pode conquistar o mundo. As sociedades que a exemplificam, pelo menos até certo ponto, são mais ricas e mais poderosas do que as outras. Apesar disso, elas podem ser altamente precárias, como o seu aparente antecessor, a Cidade-estado comercial.

É um grande milagre que elas tenham vindo a existir. A situação geral da sociedade agrária tem realmente todos os aspectos que o Iluminismo atribui às trevas medievais: porque sua fé é obscurantista, a vida intelectual é muitas vezes pobre e o progresso econômico geralmente não existe. Porque não há crescimento econômico, a limitação dos recursos disponíveis faz com que a situação geral seja malthusiana, e assim a preocupação perfeitamente racional de todos é com sua posição na estrutura, mais do que com o desempenho global dessa estrutura. Isso, por sua vez, faz com que o sistema continue a ser obscurantista. A competição, inevitavelmente cruel, leva a sistemas políticos opressores e tirânicos, já que a tolerância levaria simplesmente à substituição dos governantes por seus rivais, que não seriam loucos a ponto de repetir as fraquezas dos antecessores. Assim, os sacerdotes e os reis dominam. O Iluminismo tinha razão na descrição que fez, mas se enganou com a sua ilusão de que tudo isso era um erro evitável. Não era: estava inscrito na natureza das coisas.

A quádrupla tipologia que estabelecemos, e que implica duas simples mas extremamente importantes dicotomias, é incompleta. Uma oposição binária adicional deve ser introduzida. Confessadamente, ela torna o modelo incômodo, fazendo-o tridimensional, e por conseguinte difícil de ser representado no papel bidimensional. Todavia, ela deve ser feita. A dimensão adicional deve ser acrescentada, não apenas porque nos dá uma tipologia mais rica e mais esclarecedora. Também está relacionada com os problemas intrigantes mencionados acima: como poderíamos escapar do círculo vicioso fechado da vida agrária, da autoperpetuação da tirania e da superstição? Uma versão ideologicamente aguda de uma ordem social, mesmo que miserável, pode explicar uma certa transição histórica misteriosa, um "acidente de percurso".

Versões ideocráticas de tipos sociais básicos

	Coerção difusa	*Coerção concentrada*
Economia subordinada	Esparta MUITO RARO	Estado islâmico ESTÁVEL QUANDO CÍCLICO, COMUM
Economia separada e com alta prioridade	Forma de governo religiosa de tipo Calvino/Knox INSTÁVEL	Ideocracia marxista EVIDENTEMENTE INSTÁVEL

Essa nova dimensão é a presença e a intensidade de uma *fé* baseada em princípios abstratos. A polarização inicial dependia, em geral, da motivação dos homens pela *honra* ou pelo *interesse*. Os coatores vivem para a honra, os produtores para o interesse. Mas alguns homens não seguem nenhum desses senhores, ou não ao mesmo tempo, e são possuídos pelo desejo da virtude ou da salvação. Isso acrescenta uma terceira dimensão. Ela é gerada pelo uso da ordem social para impor princípios, e o uso destes, por sua vez, para manter a ordem social. Cada um dos quatro tipos de sociedade inicialmente gerados pelo primeiro modelo mais simples, dois a dois, exemplifica uma condição na qual a fé não é muito intensa, e não arde com uma chama indevidamente forte.

Essa tipologia ignorava a fé, porque ela não é muito poderosa nos quatro tipos em questão. Mas é importante considerar que o homem também é um animal ideológico, capaz de grande intensidade de fé. O domínio da fé, assim como a busca da salvação pela virtude, geram formas sociais adicionais.

Correspondendo a cada uma das quatro formas sociais doutrinariamente moderadas, há uma variante entusiasta, dotada da mesma composição das outras duas variáveis, como sua versão moderada correspondente, mas motivada pela fé. Para as sociedades segmentárias comuns, a variante correspondente motivada pela fé é Esparta, onde, segundo as palavras de Xenofonte, que tanto impressionaram Adam Ferguson, a virtude é assunto de Estado. A forma social motivada pela fé correspondente ao Estado comercial é algo como a Genebra de Calvino ou a Escócia de John Knox. Isso confirma forçosamente a observação de Hume de que o entusiasmo puritano é um perigo maior para a liberdade do que a superstição dos sacerdotes. Correspondendo ao Estado autoritário agrário comum, a versão governada pela fé é bem exemplificada pelo islã: aqui, a fé se tornou politicamente desencarnada; ela pode viver sem o Estado e julgá-lo. Não está mais ligada a qualquer autoridade política nem permanentemente controlada por ela, sendo encarnada por uma lei transcendente preservada pela escrita e pelos cuidados de uma classe clerical transpolítica e transétnica: se a lei for desafiada, pode restaurar a ordem moral, aliando-se com as forças comunais às margens da sociedade. Assim, em certo sentido a fé domina o Estado, enquanto permanece independente dele, mesmo que o Estado seja autoritário e não tolere rivais na esfera da coerção, no território que controla. Embora os especialistas na lei possam ser individual ou até coletivamente desprovidos de poder, o *ethos* que eles transmitem domina a sociedade e se impõe até ao Estado. A autoridade política não pode mudá-lo nem manipulá-lo consideravelmente. Essa solução para a questão de como administrar a sociedade funcionou bastante bem no mundo agrário tradicional, e, ao contrário do que se esperava, funciona ainda melhor atualmente: o islã ficou mais forte e puro nos últimos cem anos. Seria absurdo afirmar categoricamente que essa situação continuará. Se for assim, então o islã constituirá uma permanente e séria alternativa para a Sociedade Civil cética, e teremos a opção de uma *Umma* informatizada, integralmente industrial.

E o que é a alternativa motivada pela fé para a composição encarnada em uma forma morna (essencial e intrinsecamente morna) na Sociedade Civil? Eis a resposta: o mundo marxista, como o conhecemos em sua real encarnação política, entre 1917 e seu colapso total (pelo menos na Europa) em 1989. Como a Sociedade Civil, ele compreendeu e reconheceu a diferença entre produção e poder, e as unidades produtivas e políticas não eram idênticas, mesmo que sujeitas a uma mesma autoridade. De acordo com sua ideologia formal e seus objetivos últimos, o governo devia servir à produção: a essência do homem é o trabalho, não a dominação e a hierarquia. Mas, na prática, a administração da sociedade estava sujeita a uma fé, e o assunto do Estado, como em Esparta, ou na Genebra de Calvino, ou no islã puritano, era a virtude. A conseqüência foi uma ideocracia implacável e centralizada.

O Grande Conflito ou Guerra Fria resultante foi único em alguns sentidos: foi a primeira guerra efetuada sob as novas regras, basicamente pela competição econômica, apenas (com relativamente menos conflitos laterais na forma de guerras periféricas por procuração). Além disso, foi uma guerra que terminou com um resultado impressionantemente claro e nítido. É interessante que a primeira guerra, que não foi travada nos campos de batalha, mas na competição pela produtividade, tenha terminado com uma vitória tão conclusiva e evidente para um dos lados. Nessa guerra, ao contrário daquela entre a produção e o *ethos* guerreiro que terminou em 1945, os vencedores não insistiram na rendição incondicional — mas os perdedores a concederam sem que nem mesmo fossem solicitados. Nunca um conflito ideológico terminou em tal unanimidade.

Assim, é claro que o ressurgimento da noção e do ideal de Sociedade Civil está intimamente ligado com a queda do sistema marxista, e com o longo, amargo e profundo mal-estar que a precedeu. Foi essa queda que nos ensinou como entender melhor a lógica da nossa situação, a natureza dos nossos valores, anteriormente apenas meio compreendidos, meio sentidos. Vemos agora a maneira pela qual eles emergem das coerções e limitações subjacentes à nossa condição. Isso nos faz compreender melhor a sociedade e suas opções básicas gerais.

29

VALIDAÇÃO?

A Sociedade Civil é uma idéia que tem dupla função: ajuda-nos a entender como uma determinada sociedade realmente funciona, e como difere de formas alternativas de organização social. É uma sociedade na qual o governo e a economia são distintos, em que o governo é instrumental, mas pode controlar, e controla, os excessos do interesse individual, mas na qual o Estado, por sua vez, é controlado por instituições com base econômica; ela repousa sobre o crescimento econômico que, requerendo o crescimento cognitivo, faz com que o monopólio ideológico seja impossível. Essa é a sua localização no mapa das formas possíveis de organização social. Parece que ela tem suas raízes históricas na Cidade-estado e na centralização política do Estado autoritário, e até em uma moderada, mas não totalmente corroída aspiração por uma *Umma*. É uma forma social entre outras: pregá-la em condições que não a permitem é inútil.

Ao mesmo tempo, a "Sociedade Civil" nos ajuda a esclarecer as nossas normas sociais, e evidencia aquilo em que acreditamos e por que exerce atração sobre nós. Nesse aspecto, a "Sociedade Civil" é acentuadamente superior a uma noção como "democracia", que, embora possa sublinhar o fato de que preferimos o consenso à coerção, nos diz muito pouco quanto aos pré-requisitos sociais da eficácia do consenso geral e da participação. Ela reúne segmentos tribais participativos, Cidades-estados antigas ou medievais e Estados nacionais ou supranacionais modernos orientados para o crescimento, obscurecendo as profundas diferenças, seja em estados de espírito, organização social ou circunstâncias externas, sob as quais essas várias formas operam ou operaram. Ao contrário, a noção de Sociedade Civil esclarece não só a mecânica, mas também os encantos do tipo de sociedade à qual aspiramos.

A Sociedade Civil se baseia na separação entre o governo e a vida econômica e social (separa, com efeito, o governo da Sociedade Civil, no sentido estrito, isto é, o resíduo social deixado quando o Estado é subtraído), mas isso se combina com a ausência de dominação da vida social pelos detentores do poder, uma ausência tão estranha e dificilmente imaginável no mundo agrário tradicional, e que Adam Ferguson achava tão surpreendente e precário. O centralismo político é essencial, pois no mundo moderno as unidades econômicas e sociais não podem simplesmente se desdobrar em unidades mantenedoras da ordem. O pluralismo econômico, longe de ser total, é compatível com o controle político sobre os resultados econômicos estratégicos (e na verdade, o exigem). A autonomia da economia é necessária, não apenas em nome da eficiência (isso não importaria tanto, pois a tecnologia moderna é, de qualquer forma, assustadoramente eficaz), mas para oferecer ao pluralismo uma base social que ele não pode mais encontrar em outro lugar. Ela exige um pluralismo intelectual ou ideológico: a economia em crescimento, que é indispensável para o sistema, é impossível sem a ciência, e a ciência é incompatível com uma visão cognitiva do mundo socialmente sustentada, imposta e dotada de uma autoridade *a priori*.

No futuro, ela pode precisar operar em condições que diferem das que originariamente a ajudaram a nascer. Uma autoridade central política e mundial pode advir e ser indispensável, caso se deva evitar um desastre ecológico ou terrorista. Isso significa que a Sociedade Civil não se beneficiará mais do apoio da seleção socionatural, em um mundo com múltiplos Estados, que a ajudou de modo tão importante no passado (mesmo supondo que podemos confiar em que a eficiência continuará ao seu lado, o que não é óbvio). Ainda não sabemos se a simples competição econômica e cultural terá o mesmo efeito e será suficiente. Modularidade/individualismo podem declinar com a erosão da fé que os gerou, e culturas não-individualistas podem superar as individualistas economicamente: assim o individualismo pode perder a justificativa-pela-riqueza. A homogeneidade cultural será provavelmente muito perturbada pela emigração gerada por diferenças de nível econômico, e criará sérias dificuldades para a política liberal.

Por que desejaríamos a Sociedade Civil? Karl Popper, em *The Open Society and Its Enemies*[1] (livro a cujo subtítulo este trabalho é uma alusão), nos familiarizou com a diferença entre o que ele chamou de meios "historicistas" e liberais de validar organizações sociais. Entendia por "historicismo" um apelo ao supostamente irreversível veredito da história: aquilo que deve ser está certo. Naturalmente, conheço todas as objeções ao historicismo, e não só porque fui profundamente influenciado pelo livro de Popper: os vereditos da história são, de fato, muito pouco claros e imprevisíveis, e até mesmo se alguém os conhecesse, gostaria de tratá-los como imperativos.

Apesar disso, sinto que um historicismo parcial é inevitável. A Sociedade Civil pode ou não ser o único corolário social do tipo de modo de vida científico-industrial com o qual a humanidade está agora inevitavelmente comprometida; mas, de qualquer forma, certo número de alternativas visíveis e propaladas não parecem ser compatíveis com ela. Essas considerações devem estar presentes em nossos espíritos.

Assim, afinal, a Sociedade Civil é justificada, pelo menos em parte, pelo fato de que ela parece estar ligada ao nosso destino histórico. Uma volta à sociedade agrária tradicional não é possível; assim, sendo o industrialismo o nosso destino manifesto, também estamos comprometidos com os seus corolários sociais. Além do mais, nós — ou alguns de nós — realmente gostamos dele: não desejamos viver sob uma ideocracia, à velha ou à nova moda, ou sob algum tipo de comunitarismo tradicional, sem falar dos velhos regimes autoritários centralizados. Mas somos o fruto daquilo em que acreditamos, e até que ponto a nossa crença aumenta os seus méritos? Alguma coisa, talvez a queda da ideocracia marxista, demonstra que o homem moderno não é escravo nem da mais persistente e monopolística doutrinação, e não gosta necessariamente daquilo que permeia o seu mundo, mesmo que durante algum tempo isso pareça não ter alternativa, e pareça ser dotado de poderosas razões autolegitimantes. Mas que utilidade existe em proclamar nossos valores e condenar o comprometimento de outros com o transcendentalismo absolutista ou exigir o comunalismo? Eles são o que são, e nós somos o que somos: se fôssemos eles, teríamos seus valores, e se eles fossem nós, teriam os nossos. Não sou um relativista — a existência de uma verdade transcendente à cultura parece-me o fato mais importante na condição humana, e na verdade uma das bases da Sociedade Civil, pois isso tornou possível o crescimento cognitivo e a negação do absolutismo, negação em que ela está baseada. Mas, apesar disso, defender os limites culturais parece-me, de modo geral, um exercício perfeitamente inútil.

De maneira um tanto restrita, conseqüentemente, nosso apego à Sociedade Civil tem de fato uma espécie de fundamento historicista. Mas não totalmente. As circunstâncias históricas podem eliminar alguns dos seus rivais, mas com toda probabilidade não determinarão apenas o resíduo (e muito certamente não o determinarão em todos os seus detalhes). No leque de opções que resta então — e ainda não sabemos como é esse leque — a escolha é nossa. O código de conduta cognitiva que emergiu da Sociedade Civil, que separa fatos e valores, infelizmente nos impede de eliminar a volta das justificações, e de livrar nossa escolha da carga de arbitrariedade. Mas é a nossa situação, e não podemos escapar dela. Minha própria escolha é clara, mas a natureza dos nossos valores também nos impede de validá-la. Uma validação da escolha exigiria que ela fosse o corolário de uma única e absoluta visão; mas as regras da ordem que escolhemos impedem precisamente essa absolutização! Assim, a natureza da nossa escolha nos impede de provar o seu mérito. Temos que conviver com isso. Parafraseando Kant, ao falar sobre ética, não podemos superar essa tensão, mas podemos compreender por que devemos suportá-la. Não condenem o mensageiro pelo conteúdo da mensagem.

NOTAS

1. NASCE UM SLOGAN

1. Fustel de Coulanges, *La cité antique,* Paris, 1864; reimpr. Paris, 1967.
2. Ibid., p.2
3. "Liberty of the Ancients compared with that of the Moderns", in Benjamin Constant, *Political Writings,* B. Fontana (ed.), Cambridge, 1988, p.308-329.
4. Fustel de Coulanges, op. cit., p.265.
5. Cf. Louis Dumont, *From Mandeville to Marx,* Chicago, 1977.
6. Emile Masqueray, *Formation des Cités chez les populations sédentaires de l'Algérie,* Paris, 1886; reimpr. Aix-en-Provence, 1983, F. Colonna (org.)
7. Robert I. Levy, *Mesocosm,* Berkeley, 1990, p.21.
8. Há um excelente panorama sobre a discussão e a relevância das ações da Sociedade Civil por John Keane, Andrew Arato, Pierre Rosenvallon, Jacques Rupnik, Adam Michnik, Elmer Hankiss e outros, in Krishnan Kumar, "Civil Society; an inquiry into the usefulness of an historical term", in *The British Journal of Sociology,* vol. 44, n.3 (setembro de 1993). Ver também Dominique Colas, "Le glaive et le fléau, généalogie du fanatisme et de la société civile", Grasset (org.), 1992; *Civil Society and the State: New Europan Perspectives.* John Keane (org.), Londres, 1988; e *Market Economy and Civil Society in Hungary,* C.M. Hann (org.), Londres, 1990.

3. ISLÃ

1. *Marxisme et Algérie, textes de Marx-Engels,* Galissot e Badia (orgs.), Paris, 1976.
2. Cf. Gilles Kepel, *The Revenge of God,* Alan Bruley (trad.), Cambridge, 1993.

4. O FRACASSO MARXISTA

1. Roman Szporluk, *Communism and Nationalism. Karl Marx versus Friedrich List,* Oxford e Nova York, 1988.
2. Christel Lane, *The Rites of Rulers: Ritual in Industrial Society — The Soviet Case,* Cambridge, 1981.

5. A *UMMA* BEM-SUCEDIDA

1. David Hume, *The Natural History of Religion*, A. Wayne Colver (org.), Oxford, 1976, capítulo XI.

2. Ibid., capítulo IX

3. David Hume, "Of Superstition and Enthusiasm", in *Essays Moral, Political and Literary*, Oxford, 1963. Também in *Hume on Religion*, R. Wolheim (org.), Londres, 1963.

7. A SOCIEDADE CIVIL COMPLETA O CÍRCULO

1. Leszek Kolakowski, "The Myth of Human Self-Identity: Unity of Civil and Political Society in Socialist Thought", originariamente publicado in *The Socialist Idea: A Reappraisal*, L. Kolakowski e S. Hampshire (eds.), Londres, 1974; e republicado in *The Transition from Socialism*, C. Kukathas, D.W. Lovell e W. Malley (orgs.), Melbourne, 1991.

2. Ibid., p.49

3. Ibid., p.57

4. Ibid.

8. ADAM FERGUSON

1. Adam Ferguson, *An Essay on the History of Civil Society* (4ª ed. revista e corrigida, Londres, 19773), reimpr. Farnborough, 1969.

2. Ibid., p.114

3. Emile Durkheim, *De la division du travail social*, Paris, 1902.

4. Ferguson, op. cit., p. 384

5. Ibid.

6. Ibid., p. 387.

7. Ibn Khaldun, *Muqaddima*, F. Rosenthal (trad.), Londres, 1958.

8. Ferguson, op. cit., p.244.

9. Ibid., p.228.

10. Ibid., p. 385.

11. Ibid.

12. Ibid., p. 251

13. Ibid., p. 251-2.

14. A preocupação de Ferguson com esse ponto foi em parte inspirada pela exclusão dos escoceses da mobilização [*raising*] de milícias contra uma possível invasão francesa — exclusão devida, naturalmente, ao medo de armar mãos jacobitas. Esse esclarecimento me foi comunicado pessoalmente pela professora Marilyn Butler.

15. J. Burckhardt, *Weltgeschichtliche Betrachtungen*, Historiche Fragmente aus dem, nachlass-herausgegeben von Albert Deri und Emil Durr, Stuttgart, 1929.

16. Ferguson, op. cit., p.220-1.

17. Ibid., p.267

18. Ibid.

19. Cf. John Hall in *Europe and the Rise of Capitalism*, Jean Baechler, John Hall e Michael Mann (orgs.), Oxford e Nova York, 1988.

20. E.A Wrigley, *People, Cities and Wealth: The Transformation of Traditional Society,* Oxford, 1987.

9. LESTE É LESTE E OESTE É OESTE

1. Comunicação pessoal de Shiren Khazeni, baseada em suas pesquisas sobre o século XIX na Pérsia.
2. Perry Anderson, *The Lineages of the Absolute State,* Londres, 1974, p.94.

10. CENTRALIZAÇÃO POLÍTICA E DESCENTRALIZAÇÃO ECONÔMICA

1. Václav Havel, *Power of the Powerless,* Armonk, Nova York, 1990.

14. AMIGO OU INIMIGO?

1. James Hogg, *The Private Memoirs and Confessions of a Justified Sinner,* Londres, 1824; John Wain (org.), Harmondsworth, 1983.

15. OS FUSOS HORÁRIOS DA EUROPA

1. "Qu'est-ce qu'une Nation?" in *Ernest Renan et l'Allemagne,* E. Burem (org.), Nova York, 1945.
2. Cf. Miroslav Hroch, *Social Preconditions of National Revival in Europe,* Cambridge, 1985.
3. Cf. Conor Cruise O'Brien, *God Land: Reflections on Religion and Nationalism,* Londres, 1988.

27. PROBLEMAS INTERNOS

1. F. Hirsch, *The Social Limits of Growth,* Londres, 1977.
2. David Riesman, *The Lonely Crowd,* New Haven, 1961.
3. W.H. Whyte, *The Organization Man,* Harmondsworth, 1960.

29. VALIDAÇÃO?

1. Karl Popper, *The Open Society and its Enemies* (5ªed.), Princeton, 1966.

ÍNDICE REMISSIVO

Este livro foi composto pela Textos & Formas, em New Baskerville, e impresso por Tavares e Tristão Ltda., em abril de 1996.